Konstantin Gamsachurdia / Swiad Gamsachurdia

KONSTANTIN GAMSACHURDIA

SWIAD GAMSACHURDIA

Dissident – Präsident – Märtyrer

PERSEUS VERLAG BASEL

Redaktion: Heiner Appenzeller

Druck: Zbinden Druck und Verlag
ISBN 3-907564-19-7

Was gebiert Selbsthingabe an den Nächsten?
Das ist die Liebe: allumfassende,
grenzenlose Liebe zum Menschen.
Was gebiert Freiheit?
Das ist die gleiche, höchste Liebe zur Wahrheit.

Swiad Gamsachurdia, «Artikel und Essays», Tiflis 1991

INHALT

VORWORT

Die vorliegende Betrachtung war im wesentlichen abgeschlossen, bevor russische Truppen ihren unwürdigen Feldzug gegen die Tschetschenen antraten. Sie erhellt die Hintergründe einer solchen Untat. Es wird auch deutlich, wie stark der Wille zu einem friedlichen Zusammenleben mit den Russen innerhalb der kaukasischen Völker veranlagt ist. Deshalb gelang es Swiad Gamsachurdia in seiner so kurzen Amtszeit als Präsident Georgiens, alle Krisenherde auf dem Territorium seines Landes aufzulösen. Das paßte nicht in das Konzept des Testamentes Peters des Großen.* Dasselbe ist freilich eine Fälschung. Doch richtet sich die russische Politik bis heute genau nach seinen Richtlinien. Zu diesen gehörte das Herbeiführen jener politischen Krisen und der gegen Gamsachurdia inszenierte Putsch. Wir Westeuropäer könnten daran lernen, was wir an Unrussischem aus Rußland zu gewärtigen haben, wenn es uns nicht gelingt, einzusehen, daß wir die Grundlagen unseres eigenen Verhaltens radikal überprüfen müssen. Dafür kann uns Swiad Gamsachurdia zu einem Beispiel werden.

Gamsachurdia gelangte zu der Überzeugung, daß die sich bis dahin nur nach wirtschaftlichen Egoismen

Siehe: L. Polzer-Hoditz, *Der Kampf gegen den Geist und das Testament Peters des Großen*, 2. Aufl. Dornach 1989; ferner: Th. Meyer, *Ludwig Polzer-Hoditz, ein Europäer*, Basel 1994.

ausrichtende Weltpolitik, die uns ins Elend führt, geheilt werden kann, wenn sich genügend Menschen mit den Wahrheiten der anthroposophisch orientierten Geisteswissenschaft durchdringen. Denn durch deren Einsichten in die Natur des Menschen und durch die geisteswissenschaftlich vertiefte Naturwissenschaft könne im praktischen Leben das wirklich Erforderliche auch verwirklicht werden. Die Geisteswissenschaft verleiht für Gamsachurdia auch aller Religiosität ihr wahres Fundament. Und in der freien Religionsausübung mußte seiner Auffassung gemäß der erste Schritt zur Heilung der chaotischen Verhältnisse in seinem Land bestehen; in ihr sah er den eigentlichen Quell für eine friedliche Gestaltung des sozialen Lebens.

Konstantin Gamsachurdia, der älteste Sohn Swiads, erweist sich in der vorliegenden Studie als ein berufener Interpret der brennenden Probleme seiner Heimat – die am Ende des Jahrhunderts zugleich Probleme der gesamten Menschheit sind –, sowie des mutigen Versuches seines Vaters, sie zu lösen.

Heiner Appenzeller

1. DER KAUKASUS – «EIN BERG DER SPRACHEN»

Wer sich mit den Konflikten im Kaukasus befaßt, wird bald einsehen, daß sie rein politischer Art sind und in keiner Weise durch die alten Kulturtraditionen seiner Völker hervorgerufen werden. Und es ist nur heilsam für diese Auseinandersetzungen, wenn sich ihre Akteure wieder neu auf die Werte ihrer eigenen Kultur besinnen.

Der kulturelle Raum des Kaukasus umfaßt Armenien, Aserbeidschan, Georgien und den Nordkaukasus. Der letztere besteht aus den Adygeern, den Balkariern, den Tschetschenen, den Inguschen, den Osseten und den Dagestanern. Dazu gehören auch die in Georgien lebenden Abchasier. Die meisten Sprachen dieser Völker gehören – gleich wie das Georgische – zur iberokaukasischen Gruppe. Das Ossetische ist indogermanisch, und ein Stamm der Dagestaner verständigt sich in einer dem Türkischen verwandten Sprache. Insgesamt leben im Kaukasus über fünfzig deutlich unterscheidbare Zungen. Deshalb nannte ein arabischer Reisender des 9. Jahrhunderts den Kaukasus den «Berg der Sprachen».

Früher lebten diese Stämme nur im Gebirge. Vor etwa zweihundert Jahren begannen sie, auch die Ebenen Richtung Rußland zu besiedeln.

Obwohl diese Völker zur Zeit der ottomanischen Herrschaft muslimisiert wurden, weisen ihre ethnopsychologischen Traditionen eine weit größere Ähnlichkeit mit den Georgiern als mit Tataren, Persern und Türken auf. Trinken doch manche dieser Stämme Wein und essen gerne Schweinefleisch. Sie alle halten sich an einen moralischen Kodex, der Adat genannt wird. Zu ihm gehören die Gesetze der Ritterlichkeit, zu denen auch die Unverletzlichkeit eines Gastes zählte. Auch die Schwurbruderschaft zwischen Angehörigen verschiedener Stämme wurde gepflegt. Einheitlich für alle diese Menschen war die Kleidung. Die Frauen trugen lange, einfache Wollröcke. Dazu flache, kleidsame Hüte, mit an den Seiten herabhängenden Tüchern, geschmackvoll zu den in ruhigen Farbtönen gehaltenen Gewändern passend. Die Männer trugen Tuniken. Grau bei der Arbeit, schwarz bei Trauer und Kampf, rot oder weiß bei Festen. Die Russen nennen diese Kleidung Tscherkesska, die Georgier Tschocha. Sie war aus Wolle oder Leinen.

Das Auffallendste an ihr sind die über den beiden Brustseiten befestigten metallenen Pulverröhrchen und der metallbeschlagene Gurt. Die weiten Ärmel reichen bis zu den Handgelenken. Dazu gehören hohe, enganliegende, elastische Stiefel und der Papach. Das ist eine Schaffellmütze, die bisweilen mit einem Turban verbunden ist. Das Wichtigste sind aber die Waffen. Das Schwert, der Dolch und die Pistole. Das Waffentragen war bei diesen kämpferischen Stämmen eine Lebensnotwendigkeit. Durch Jahrhunderte wurden gute Schwerter oder Dolche und reichverzierte Pistolen ehrfurchtsvoll weitergegeben. Noch hütet das kleine Bergvolk der Chevsuren wertvolle Schwerter aus dem 12. Jahrhundert. Deren Klingen tragen die Inschrift

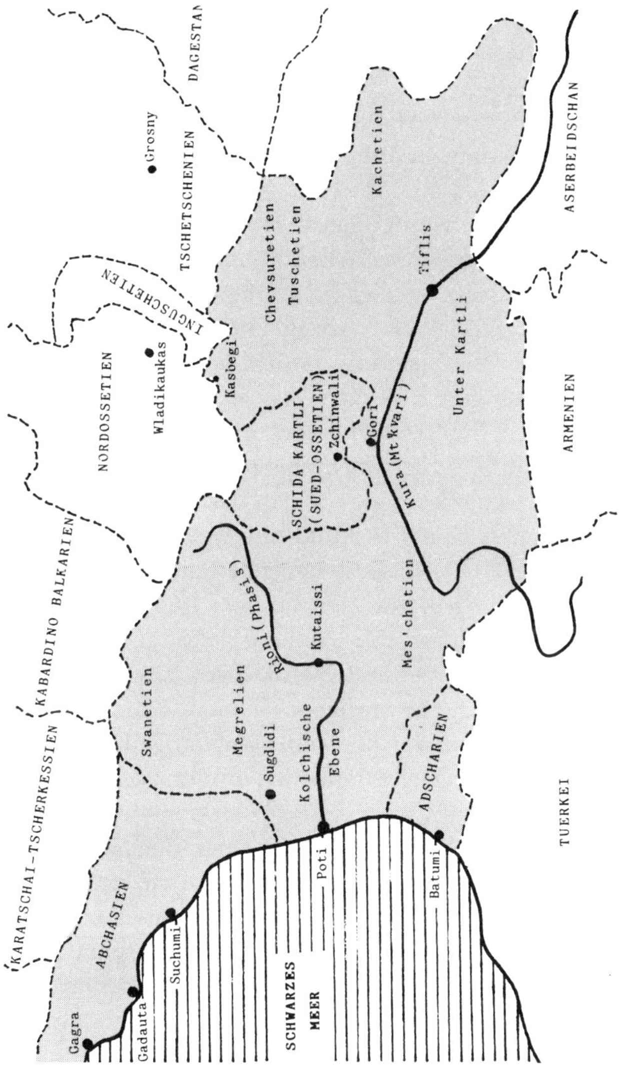
DAGESTAN
Grosny
TSCHETSCHENIEN
INGUSCHETIEN
NORDOSSETIEN
Wladikaukas
KABARDINO BALKARIEN
KARATSCHAI-TSCHERKESSIEN
ABCHASIEN
Gagra
Gadauta
Suchumi
SCHWARZES
MEER
Swanetien
Megrelien
Sugdidi
Kolchische
Ebene
Poti
Rioni (Phasis)
Kutaissi
Kasbegi
Chevsuretien
Tuschetien
Kachetien
SCHIDA KARTLI
(SUED-OSSETIEN)
Zchinwali
Gori
Kura (Mtkvari)
Tiflis
Unter Kartli
Mes'chetien
ADSCHARIEN
Batumi
ASERBEIDSCHAN
ARMENIEN
TUERKEI

Georgien

«AVE MATER DEI». Sie werden «Pranguli», das heißt «Französische» genannt. Es soll sich dabei um Gaben aus den Händen von Templeisen handeln. Noch im vorigen Jahrhundert bewiesen sie ihre Fähigkeit, damalige russische Gewehrläufe wie Butter zu durchschneiden.

Diese Relikte werden heute nur noch bei festlichen Gelegenheiten verwendet. Allzuoft blieb zwar das ständige Waffentragen, freilich modernerer Vernichtungswerkzeuge, tragische Notwendigkeit.

Nach der Islamisierung wurde das Arabische zur Kultursprache dieser Völker. Was in ihr an theologischen Werken hier entstand, hat keine eigenständige Bedeutung. Es erscheint als ein Fremdkörper. Schriftliche Kulturzeugnisse gibt es in den kaukasischen Muttersprachen keine. In Fülle hingegen wurden hier uralte, mündlich überlieferte Legenden und Epen angetroffen. So das Epos von den Narten. In ihm werden Urmythen geschildert, die wohl einmal allgemein verbreitet waren, die aber anderswo – auch in Georgien – der Vergessenheit anheimfielen. Jüngere Sagen bereichern alle diese Länder des kaukasischen Kulturgebietes gemeinsam. Verschiedenheiten finden sich in der Musik. Während in Georgien die Polyphonie eine hohe Entwicklung aufweist, sind die Gesänge der Nordkaukasier immer einstimmig. Es eignet aber auch ihnen eine ganz besondere, in Worten nicht wiederzugebende Geistigkeit, die sie als Schöpfungen aus dem unmittelbaren Erleben der Tonwelt des seelischen Sternenlebens erkennen lassen. Ihre Musik hat etwas von der Gewalt der Gebirgslandschaften mit ihren Firnen, Felsabstürzen und Bächen, in welcher der Mensch in glühender Begeisterung, mit der Donnerkraft des Wahren und dem sanften Wehen des Guten den hohen Schöpferwesen in tiefster Demut und Ehrerbietung seinen Dank abstattet.

Sehr ähnlich sind einander die altüberlieferten Tänze Nordkaukasiens und Georgiens, während die armenischen und aserbeidschanischen – sich stark von ihnen abhebend – orientalischen Vorbildern nachleben. Einer der bekanntesten georgischen Tänze ist der Lekuri. Dieser Name leitet sich vom dagestanischen Stamm der Laken her. Aufgespielt wird dazu entweder mit der Trommel allein oder mit Trommel und Ziehharmonika oder früher mit einem dudelsackähnlichen Instrument. Zu den rhythmischen Klängen treten die Paare auf, ohne sich zu berühren. Die weißverschleierten Mädchen bewegen sich in vorsichtiger Zurückhaltung. Es entsteht der Eindruck, sie würden mehr gleiten als gehen. Ihre männlichen Partner umwerben sie in langsamen, würdigen Bewegungen, die ein inneres Feuer verraten, in der Absicht, ihre Bewunderung zu erregen und schließlich ihre Herzen zu gewinnen. – Andersartig sind die Kriegstänze mit Schwertern und Schilden. Zu aufpeitschenden Trommelrhythmen werden da blitzschnell Schwerter auf Schwerter geschlagen, daß die Funken sprühen. Und nach rascher Ganzdrehung der Tänzer prasseln die Schwerter auf die Schilde. Das können nur gewandte, flinke und treffsichere Männer bewältigen, denn ihre Waffen sind nicht etwa stumpf.

Wie alle Bergvölker sind die Nordkaukasier nur mit ihrer eigenen Einwilligung regierbar. Wem sie ihre Liebe zuwenden, dem geben sie alles. Ihr Sinnen war stets auf Georgien als wie zu ihrem Herzland gerichtet. Und wenn die Bagratidenkönige von der kaukasischen Einheit sprachen, gaben sie nur demjenigen Ausdruck, was als innere Wahrheit allen Beteiligten bewußt war. Durch das ganze Mittelalter nahmen diese Bergvölker nicht nur aktiv am politischen Leben Georgiens teil, sondern sie schützten es oftmals sehr wirkungsvoll vor der Angriffen der Hunnen, der Mongolen und kleinerer Aggressoren. Deshalb nannte sie Konstantine Gamsachurdia (1891–1975) die «eisernen Borsten des Kaukasus».

Nachdem Georgien und Armenien bereits fest in russischer Hand waren, verstanden es die Hochgebirgsvölker während drei Jahrzehnten, der Militärmacht der Kolonisatoren den Zutritt in ihre zunächst ganz unwegsamen Täler zu verwehren. Für den Transport ihrer Kanonen mußten die Russen unter ständigen Überfällen der Verteidiger in dieses abschüssige, felsige Gelände Straßen und Brücken bauen.

Der kaukasische Widerstand wurde von dem dritten Imam, dem berühmten Schamil (1797–1871), geleitet. Er hatte in seiner Jugend muslimisches Recht und Theologie studiert. Er stand dem Muridismus nahe, der die sufistische Theosophie und Mystik pflegte. Die große Mehrheit der kaukasischen Völker verehrte ihn und gehorchte seinen Befehlen. Er bildete an vielen Stellen weitgehend selbständige Einheiten, die mit einem äußerst rasch und genau funktionierenden Nachrichtensystem verbunden waren. Nichts von dem, was die Russen unternahmen, entging Schamil. Seine

Späher unterrichteten ihn von Stunde zu Stunde selbst über die Speisen und Getränke wie auch über die Freizeitbelustigungen seiner Gegner. Mit dieser Organisation war er andauernd weiträumig fähig, die Angreifer zu überrumpeln und ihnen mit geringen eigenen Verlusten empfindlichen Schaden zuzufügen. In Westeuropa wurden Schamils strategische Fähigkeiten mit jenen Napoleon Bonapartes verglichen. Erst 1859 gelang es den im Gegensatz zu Schamil mit Kanonen ausgerüsteten Russen, seine in den Felsboden gegrabenen Festungen nach langanhaltenden, beiderseits sehr verlustreich geführten Kämpfen zu zerstören und den großen Feldherrn gefangen nach Norden zu führen. Der edle Schamil wurde nach Petersburg gebracht und dort mit großen Ehren empfangen. Er erhielt in einer kleinen Stadt ein schönes Haus mit Dienerschaft, wo er mit seiner Familie noch manches Jahr leben durfte. Als Pilger auf dem Weg der ihm nach Mekka gestatteten Reise erreichte ihn der Tod.

In dem gegen ihn geführten Krieg kämpften die ostgeorgischen Adeligen auf der Seite der Russen. Viele persönliche Schreiben richtete Schamil an sie, in denen er sie daran erinnerte, daß sie im Dienst seines und ihres Feindes handelten. Doch interessierten seine Ermahnungen deren Empfänger nicht. Darüber schrieb Leslie Blanch in ihrem Buch *The Sabres of the Paradise* (deutsch 1965).

Es konnte nicht ausbleiben, daß das Verhalten des ostgeorgischen Adels gewisse Vorbehalte der Nordkaukasier gegenüber den Georgiern auslöste, die nicht so leicht zu vergessen waren.

Nie verhehlten die Russen ihre kolonisatorischen Absichten, als sie den Kaukasus eroberten. Ihr Verhalten richtete sich nach dem ihnen gebotenen Widerstand. So mußte es in diesem Fall sehr grausam ausfallen.

Noch im Beginn des 19. Jahrhunderts erarbeitete der junge Eliteoffizier Colonel Pestel, der hernach als Dekabrist erhängt zu großer Bekanntheit kam, für den Kreis seiner gleich gesinnten Freunde ein Konzept für die Behandlung der Bergstämme des Kaukasus. Er teilte sie in gehorsame und ungehorsame. Die Unbotmäßigen sollten umgesiedelt oder ausgerottet werden, die Braven aber mit dem von den Bestraften Zurückgelassenen belohnt werden.

Nach Schamils Unterwerfung handelten die russischen Behörden genau nach Pestels Rat. Zehntausende Tscherkessen, Abchasen und Ubichen wurden in die Türkei umgesiedelt. Den Türken wurde weis gemacht, diese Muchadschiren (arabisch für Auswanderer) möchten als Muslime lieber in einem Land ihres Glaubens leben.

Wahrheitsgetreu berichtete über diese Vorgänge Alexander Kasbegi in der umfangreichen Erzählung *Eliso,* welche in den achtziger Jahren des 19. Jahrhunderts in georgischer Sprache erschien.

Analog dem damaligen Vorgehen, nur gigantischer, vollzog Stalin 1944 die Zwangsumsiedlung von etwa 400 000 Tschetschenen und Inguschen nach Kasachstan. Auch hier geschah es unter einem Vorwand. Denn nicht nur diese Deportierten empfingen die in die Sowjetunion einmarschierenden deutschen Soldaten als Befreier vom Joch des Kommunismus auf das herzlichste; so war die *allgemeine* Stimmung im ganzen Osten, bevor die Erfahrung gemacht wurde, welch undeutscher Geist hinter der Wehrmacht stand. Bei den Kaukasiern wurde die Deutschfreundlichkeit zur Begründung ihrer Zwangsumsiedlung genommen. Nur etwa die Hälfte ihrer Zahl erreichte das Bestimmungsland. Die andern überstanden die Reise nicht.

(Trotz dieses Angriffs auf die Volkssubstanz gelang es den Sowjets nicht, diese Menschen geistig zu brechen. Alexander Solschenizin, der ihnen – selbst ein Deportierter – in Kasachstan begegnete, schildert: «Es gab eine Nation, die der Psychologie der Unterwerfung ganz und gar nicht unterlag. Kein Tschetschene versuchte es je, den Vorgesetzten zu gefallen. Immer zeigten sie Stolz und sogar offene Feindschaft.»)

Nach ihrer Zwangsumsiedlung wurde ihre autonome Republik Tschetscheno-Inguschien aufgelöst und derer Territorium den Nachbarn verteilt. In den freigewordenen Wohnstätten wurden Georgier und Dagestaner angesiedelt. Doch nachdem Stalin gestorben war, wurde die aufgelöste Republik wieder hergestellt. Die Verbannten begannen zurückzukehren. Wunderbarerweise zeigten ihnen ihre kaukasischen Brudervölker ein entgegenkommendes Verständnis. Stufenweise wurde ihre Rückkehr organisiert. Sie durften wieder in ihre altangestammte Heimat ziehen und sogar in ihre wieder freigegebenen Häuser.

Eine Ausnahme machten leider die Osseten. Als Inguschen in ihre ehemaligen Wohngebiete heimzugelangen versuchten, ließen dies die neu zugezogenen Osseten nicht zu. Das spielte sich im inguschetischen Teil Wladikawkas und in dessen Umgebung ab. Es löste die bis heute andauernden Spannungen aus. Im Herbst 1992 kam es dort zu blutigen Auseinandersetzungen.

Die Vielfalt des Kaukasus ist bereits in Georgien selber veranlagt. Besitzt es doch drei Sprachgebiete, in welchen neben dem Georgischen (Kartuli) Swanisch, Megrelisch und Zowa-tuschetisch mit je einem völlig unterschiedlichen Wortschatz als lebendige Volkssprachen existieren. Die Angehörigen dieser sich voneinander abhebenden Volkszweige sehen sich alle als Georgier. Das Georgische ist ihre Kultursprache. Und als es einmal einem megrelischen Nationalbolschewiken in den Sinn kam, eine megrelisch verfaßte Zeitung herauszubringen, wurde er als ein Dummkopf angesehen, von welchem sogar Stalin äußerte, er sei «ein falscher Mann».

Das Gemeinsame lag nicht in der Sprache und auch nicht in der physischen Abstammung, sondern in einem Geisteselement, wie es im Reich der Königin Tamar (1184–1213) hoch über allen einzelnen Konfessionen stand. Es fanden sich in ihm ebenso muslimisierte georgische Stämme wie die Adscharier und die Lazen. Es war dies keine einmalige Erscheinung. In jedem Zeitalter fand es neue Offenbarungen. Selbst in der laizistischen Kulturbewegung des 19. und des 20. Jahrhunderts ist es der tragende Lebensnerv. Akaki Zereteli (1839–1915) vergleicht es mit einem Saiteninstrument, mit dem «Tschonguri», einer Art Mandoline:

Georgien ist ein Tschonguri,
Wir, seiner Länder Kinder,

sind seine Saiten.
Odela dela delao.
Springt eine Saite,
sofort heilen muß man sie,
sonst nimmt das Tschonguri Schaden.
Odela dela delao.

In dieser Musik klingen auch die Seelen der Bewohner des angrenzenden Nordkaukasus mit.

Inspiriert von demselben Gedanken ist hinter jeder Zeile der Romantrilogie *Die Entführung des Mondes* der große Schmerz spürbar, den der Untergang der einst blühenden Adelskultur bereitete, in welcher in den Idealen des Christentums Abchasier und Georgier ein harmonisches Zusammenleben führten. Dieses Werk Konstantine Gamsachurdias entstand in den dreißiger Jahren.

Gerade hier kann eingesehen werden, wie unsinnig es ist, ethnisch einheitliche Gebiete schaffen zu wollen, weil im Grunde niemals ethnische oder religiöse Fragen zu Zwisten führen. Volks- und Religionszugehörigkeiten werden allerdings sehr oft zu Vorwänden benützt, wo politische oder wirtschaftliche Sonderinteressen oder Machtansprüche einer Menschengruppe vorliegen, etwa wenn die Führungen von Religionsgemeinschaften aus Gründen handeln, welche niemals aus der Religion stammen, die sie zu vertreten behaupten. Es wird vielleicht oft zu wenig an den Geist Lessings gedacht, welchen er in seinem Nathan zu Menschenherzen sprechen ließ. – Inmitten all dieser Unruhen gab es im Kaukasus immer wieder Persönlichkeiten, die in Übereinstimmung mit den angestammten kulturellen Werten neue Formen des sozialen Lebens gestalteten. Doch ihr Bemühen wurde immer wieder zunichte gemacht. Ihr Wirken sollte lediglich das in den hier lebenden Menschen Veranlagte zu seiner Geltung bringen: das friedliche Zusammenleben von Angehörigen verschiedener Nationen und Konfessionen auf dem gleichen Territorium. 1991 trat dieses Ideal seiner Verwirklichung sehr nahe. Es war die Folge des Wirkens zweier Männer: Swiad Gamsachurdias (1939–1993) und Merab Kostawas (1939–1989).

2. ZWEI GEISTESBRÜDER

Swiad Gamsachurdia und Merab Kostawa waren Schulkameraden. Beide verehrten Konstantine Gamsachurdia. Es war ihnen erlaubt, seine reiche Bibliothek zu benützen. Sie befand sich im «kolchischen Turm». So hieß der rote Backsteinbau, den er sich in den vierziger Jahren als Wohnhaus errichtete. Er stammte aus Westgeorgien, das in älteren Zeiten Kolchis genannt wurde. Es entsprach dem Wesen des Hausherrn, der bereits mit dem Gulag von innen Bekanntschaft gemacht hatte, sein Heim zu einem Freiraum werden zu lassen, in welchen der Ungeist des Sowjetkommunismus keinen Eingang fand. Die hier gepflegte Heimatliebe entsprang der Inspiration für das gegenwärtige Handeln, welche die Beschäftigung mit der georgischen Helden- und Heiligengeschichte vermittelte. Ihr Geist steht in vollständigem Gegensatz zum europäischen Nationalismus des 19. Jahrhunderts. Er ist dem Deutschtum Fichtes vergleichbar, das ihm ein hohes geistig-moralisches Ideal war und nie Grund für macht-politische oder sezessionistische Regungen. Und da Konstantine Gamsachurdia den vorgenannten Jünglingen Lehrer und Erzieher war, der sie mit den schönsten Blüten der europäischen Kultur vertraut machte, war es kein Wunder, daß sie mit dem in ihrer Heimat herrschenden Regime schon bald in Konflikt gerieten. Schon als Sechzehnjährige kamen sie zum ersten Mal ins Gefängnis. Das kam so: Im Frühling 1956 mußten dem

Ukas* Chruschtschows entsprechend die Stalindenkmäler aus der Sowjetunion verschwinden. Das wurde vielerorts begrüßt. Es handelte sich um eine Geste gegen einen abscheulichen Personenkult. Nicht außer acht gelassen wurde eigentlich überall, daß Stalin ein Georgier war. Und das jahrzehntelang zur Verehrung ihres Landsmanns Stalin angehaltene Volk, das sich auf seine eigene Wichtigkeit in dieser Sache auf diesen so «großen» Mann viel zu gut tat, fühlte sich mit dem Wegschaffen dieses Denkmals beleidigt. Es wurde protestiert und randaliert. Dazu kam das Empfinden einer elementaren Freude beim deutlichen Spüren der Lockerung jenes Jochs, das sich nach Stalins Tod einstellte. Auch wenn sich diese beiden Dinge zu widersprechen scheinen, so war es doch so, daß in Georgien zugleich gefeiert und protestiert wurde. Dafür strömten schließlich Hunderttausende nach Tiflis. Nachdem sie dem Treiben etwa eine Woche lang zugesehen hatten, schossen Spezialeinheiten in die Menge. Die ungefähr zweihundert Toten wurden in den Fluss Kura geworfen, und die Turbulenzen waren damit beendet. Die jungen Dissidenten hatten versucht, die Volksbegeisterung in die Richtung der sich erhebenden Ungarn zu lenken, deren Aufstand allerdings zur Ermordung Imre Nagys und zu neuer Unterdrückung führte. Neun junge Menschen schlugen Flugblätter folgenden Inhalts an öffentliche Wände:

«Heute – wo die ganze bewußte Menschheit über die ungeheuerlichen Greueltaten Moskaus empört ist,

* Ukas ist die russische Bezeichnung für «Dekret» oder «Erlaß»

steht unsere Existenzfrage auf der Tagesordnung. Wir müssen uns unter unserer Fahne gegen die Eroberer unserer Heimat vereinigen.

Schaut euch um! Die Welt ist in Unruhe. Es nähert sich den Henkersknechten des Kreml das jüngste Gericht. In Tiflis, in Poznan, in Budapest fordert das von ihnen vergossene Blut sein Recht. Ihr Ende ist nah.

Georgier! Außer uns selber hilft uns niemand. Wir müssen unsere Freiheit kämpfend erringen! Brüderlich grüßen wir das ungarische Heldenvolk! Ungarn muß für alle versklavten Völker zum Beispiel werden!

Hände weg von Ungarn! Nieder mit den Okkupanten, die ihre Hände mit dem Blut unseres Volkes befleckten! Nieder mit ihrer Militärclique! Nieder mit den verräterischen georgischen Kommunisten!

Es lebe das freie unabhängige Georgien!»

Dafür wurden diese Minderjährigen natürlich sofort eingesperrt. Dank der Einsprache des hohes Ansehen genießenden Konstantine Gamsachurdia wurden sie aber bald wieder freigelassen.

Welcher Geist diese jungen Menschen erfüllte, mag empfinden, wer sich zu Gemüt führt, was sie sich zu sagen hatten.

Im Alter von fünfzehn Jahren schrieb Swiad Gamsachurdia an Merab Kostawa:

«Wir haben – Bruder – öfter daran gedacht,
wann unsere Heimat wieder erstünde
und zurückkehrte die Schönheit
der Freiheit und der Begeisterung.

Wann kommt der herrliche Tag,
da wir abstreifen die Fesseln dem erniedrigten Volk
und das Morgenrot blenden wird
den Haufen der roten Henker des Nordens?

Und Georgien – das leidgeprüfte –
belebt sich in all seinen Gelenken.
Uns begnadet die Muttergottes von Chachuli
und beschützt auf ewig der weiße Georg.

1964 – zehn Jahre später – antwortete ihm Merab Kostawa:

Deine Heimat ist die Geistwelt.
Du brauchst keinen andern Palast.
Sei im Auge des Volkes ein Narr,
vor dem Vater bleib immer rein.

Beschütze dich der Chor der Sterne
und Michaels feuriges Schwert,
daß es heißt: er hat gelitten
mit dem süßen Getränk des heiligen Opfers.

Beflecke dich nicht mit Unvollkommenheit.
Dein Leib ist ein Tempel Gottes.
Gürte dich und richte dich für den Weg.
Auf der Erde schreitet Messias.

(Die «Muttergottes von Chachuli »ist eine berühmte Ikone aus dem 11. Jahrhundert, die durch Jahrhunderte im Kloster von Gelati aufbewahrt, im 19. Jahrhundert durch einen russischen Exarchen ihres mit Edelsteinen besetzten Golddeckels beraubt, heute im Museum von Tiflis zu sehen ist. Der «weiße Georg» ist eine im Kaukasus bis heute verehrte vorchristliche Urgestalt des heiligen Georg.)

* * *

In den frühen sechziger Jahren absolvierte Swiad Gamsachurdia sein Studium an der Tifliser Fakultät germano-romanischer Sprachen und wurde daselbst Dozent für Anglistik. Er erforschte und übertrug amerikanische Dichter wie Whitman, Robinson, Frost und andere. Zur gleichen Zeit entstanden seine georgischen Übertragungen der Werke Oscar Wildes und Shakespeares.

Merab Kostawa wurde Lehrer an der Musikschule. Zu den gemeinsamen Interessen der Freunde gehörte zunächst vor allem die Musik. «Merab war ein ausgezeichneter Pianist», stellte Swiad fest, «wunderbar interpretierte er besonders Grieg, Beethoven und Schubert. Die heroische Musik Beethovens und Wagners war damals unser Element.» Doch immer mehr galt die Aufmerksamkeit der Freunde der Wortkunst. Die anderthalb Jahrtausende umfassende georgische Literatur wurde ihnen zu einer Quelle unerschöpflicher Eingebung. Und wenn sie sich selber poetisch betätigten, so war dies ein gemeinsames geistiges Suchen ohne jeden Gedanken an eine Publikation.

Das Veröffentlichen wissenschaftlicher Artikel, von Essays und Übersetzungen lag freilich im Pflichtkreis Swiad Gamsachurdias. Nahm ihm ein älterer Kollege die gewandte Sprache seiner Übertragung der *Iliade* übel, so wurde er im Zusammenhang mit seinen Übertragungen aus Goethes Werken als Abweichler vom Dogma kritisiert, daß Goethe ein Vorläufer des historischen Materialismus gewesen sei. Was aber den Parteiführern besonders unpassend kam, war seine Fähigkeit, sich sachlich zu verteidigen und mit alledem ein frisches Leben in die trostlose, von der Parteiideologie bewirkte Kulturwüste zu bringen. Es erregte auch den Widerspruch der herrschenden Dogmatiker, denen die georgische Kultur als minderwertig galt, wenn er deren Vorzüge in einer Weise zu preisen verstand, daß es jedem Unvoreingenommenen einleuchtete.

* * *

Schon früh fanden die Freunde unter den Schätzen des «kolchischen Turms» auch Bücher Dr. Rudolf Steiners. Ihn hatte Konstantine Gamsachurdia während seines Studiums in Berlin öfters vortragen hören. Davon erzählte er seinen Schützlingen, und etwas davon floß auch in seine Romane. Sein unabhängiger Charakter ließ ihn als Dichter recht eigene Wege gehen. Darum hielt er sich auch gegenüber den Symbolisten auf Distanz. Weil Andrej Belyi unter ihnen seine Freunde hatte, besuchte er auch jene, die in Georgien lebten. Belyi entstammte der tschetschenischen Familie Bugajef und war ein hervorragender Anthroposoph. Für das letztere hatten die Symbolisten kein Verständnis. Aber ganz im stillen ergaben sich Belyi Kontakte mit Menschen, welche für unser Freundespaar eine neue

Brücke zu Rudolf Steiner bildeten. Denn während gut vierzig Jahren hatten sie sich innerlich weitergebildet. Dabei mußten sie ständig auf der Hut sein. Denn Anthroposophie galt als eine antisowjetische Weltanschauung. Wer ein anthroposophisches Buch auslieh, hatte mit einer Gulag-Verurteilung zu rechnen.

Nun gründeten die beiden Kampfgefährten zusammen mit dem älteren Irakli Ramischwili einen Arbeitskreis. Der heute in großer Einsamkeit lebende Doktor der Linguistik hatte kaum ein Privatleben. Er war ganz dem seelischen Anschauen und der geistigen Arbeit hingegeben. Er schrieb nur ein einziges wissenschaftliches Werk, doch für viele Dissertationen spendete er die entscheidenden Ideen. Die Tätigkeit dieses kleinen Kreises hatte drei Schwerpunkte. Sie bestanden im Erarbeiten der erkenntnistheoretischen Grundlagen der goetheschen Weltanschauung, ferner im Üben auf Grund von Steiners Werken *Die Geheimwissenschaft im Umriß* und *Wie erlangt man Erkenntnisse der höheren Welten*? Schließlich wurden an Hand der Mitteilungen Rudolf Steiners die Mysterien der alten Welt erforscht und damit ein neuer Zugang zu den Werken der alten Weltliteratur gefunden: zu Wolfram von Eschenbach, Dante, Chrestien de Troyes und nicht zuletzt natürlich zu Rustaweli.

In der gleichen Zeit kamen die ersten Übertragungen von Werken Rudolf Steiners in die georgische Sprache zustande. Swiad Gamsachurdia übertrug das Werk *Theosophie*, zwei Vortragszyklen sowie – unvollendet geblieben – *Die Geheimwissenschaft im Umriß*. Merab Kostawa trug eine georgische Version des Vortrags «*Die*

Erziehung des Kindes vom Gesichtspunkt der Geisteswissenschaft» bei. Nach dem allgemeinen Urteil der Kenner – und keineswegs nur der Anthroposophen – gehören Swiad Gamsachurdias Neuschöpfungen von Wahrspruchworten oder Mantren Rudolf Steiners zu den schönsten poetischen Juwelen der georgischen Literatur, insbesondere jener Gedankenlyrik, welche zur Vertiefung des Miterlebens des Jahreskreislaufs gegeben worden war.

Der Verfasser dieses Buchs war damals ein kleiner Knabe. Dennoch war er nicht ausgeschlossen, wenn die Erwachsenen etwa an den Vortragszyklen Rudolf Steiners arbeiteten. Nicht mit dem Verstande erfaßte er, was da gesprochen wurde. Doch erinnert er sich, daß zuerst ein Vortrag gelesen und hernach aus dem Gedächtnis wiederholt wurde. Anschließend ergaben sich freie Betrachtungen zum Thema. Die dabei herrschende feierliche und herzenswarme Stimmung war auch für die manchmal anwesenden Gäste unvergeßlich. Was der Knabe erlebte, konnte er später als frische, lebendige Imagination, als lichtvolle Inspiration und exakte Intuition im Denken deuten.

Öfters gab es auch Hauskonzerte, wobei neben den Klassikern die so wenig bekannte Musik erklang, die Adolf Arenson zu den Mysteriendramen Rudolf Steiners komponierte. Auch Ausflüge wurden unternommen, deren Ziele alte Klöster und Kirchen waren, die weit abgelegen dem Zerfall anheimfielen ... Und wenn an solchen Orten die lange verhallten Lieder in kunstvoller Polyphonie neu die ehrwürdigen Räume erfüllten, erschienen sie leuchtend in ihrem ursprünglichen Glanz. – So verband sich das neue Geistwissen mit dem Uraltüberlieferten zu einem Keim für zukünftiges Leben.

* * *

Als sich die beiden Freunde mit der Vereinigung für Menschenrechte befaßten und die Tifliser «Helsinki-Gruppe» bildeten, wurden sie zu Exponenten des politischen Lebens. Da sagten manche Menschen, welche der Anthroposophie verbunden waren, das würde «die Sache der Anthroposophie in Georgien sprengen». Im Gespräch mit zwei jungen deutschen Journalisten äußerte sich Swiad Gamsachurdia folgendermaßen dazu: «Damals wurde mir klar: Wenn du Anthroposoph bist, mußt du auch für den Anthropos kämpfen – und nicht nur für den geistigen Anthropos. Wenn du siehst, daß der Mensch gefährdet ist, daß er Angst hat, dann mußt du ihn verteidigen. Wenn du siehst, daß Gewalt vom Staat ausgeht, dann mußt du gegen diese Gewalt kämpfen. Ohne das bist du kein Anthroposoph, kein Christ. Aus diesem Grund waren wir also auf dem Gebiet der Menschenrechte aktiv und verteidigten unsere Nation, unsere Mitbürger. So wurden wir in die demokratische Bewegung geführt, da es ohne Demokratisierung unmöglich war, irgendeine Art von Geistigkeit, Anthroposophie oder Christentum zu entfalten. Wir erkannten also, daß nichts möglich werden würde, solange wir nicht die totalitaristische Kommunistenherrschaft zerstören. Schon damals, als wir nur anthroposophisch arbeiteten, begannen sie gegen uns zu kämpfen und uns anzugreifen. Wenn wir uns zum Beispiel versammelten – allein um im anthroposophischen Rahmen Vorträge zu halten usw. –, kamen KGB-Leute, um uns zu provozieren, zu verfolgen und zu spalten.

Sie schüchterten die Menschen ein, zu uns zu kommen. Bald wurde deutlich: hier herrscht Krieg, hier wird gekämpft, und wir werden nichts erreichen, wenn wir uns nicht auf diesen Kampf einlassen.» (Abgedruckt in der in Stuttgart erscheinenden Monatsschrift *Die Drei*, Heft 12, 1993.) Es bestand die Frage, ob und wie es möglich wäre, den eigenen Idealen zu dienen ohne eine Konfrontation mit der Regierung. Und nach Stalins Tod schien die Lage im Kulturgebiet nicht mehr so völlig hoffnungslos. Es gab sogar zaghafte Versuche, oppositionelle Ansichten in Büchern, Filmen und Theaterstücken darzustellen. So wurde in den siebziger und achtziger Jahren in Tiflis Shakespeares *Richard III.* aufgeführt. In einem modernistischen Spektakel trat König Richard in einer Lederjacke auf, welche an die Tscheka der zwanziger Jahre erinnerte, und der alte König Eduard stand krank in einem Laufgitter, was eine Persiflage Breschnews sein sollte. Noch jämmerlicher nahm sich der Versuch eines Schriftstellers aus, der kurz nach dessen Erscheinen Swiad Gamsachurdia frug, ob er sein «dissidentisches» Buch schon gelesen habe. Erstaunt stellte der Angesprochene die Gegenfrage: «Aber was ist an Ihrer Novelle denn ‹dissidentisch?›» Die Erklärung bestand im Hinweis auf eine Szene, in welcher die Hauptperson in ein Haus eintrat, in dem schweigende Menschen standen. Aus Angst vor der

Zensur hatte er hier von einem «Haus» geschrieben, aber eine «Kirche» gemeint, was aber von den Lesern nicht so verstanden werden mußte. Dergleichen nannte Swiad Gamsachurdia «Selbstbetrug oder Pseudodissidententum». Was die echten Dissidenten auf sich nahmen, soll in den folgenden Kapiteln zum Ausdruck gebracht werden.

3. DISSIDENTENTUM

Als die Machthaber der Sowjetunion das Schlußdokument der im Jahre 1975 in Helsinki getroffenen Vereinbarung über die Menschenrechte unterzeichneten, begann in Europa ein Prozeß zu wirken, den die mit ihrem sorglosen Leben sehr zufriedenen, konservativen Parteifunktionäre keineswegs erwünscht hatten. Sie rechneten nicht mit den Schwierigkeiten, die ihnen aus dieser Vereinbarung erwuchsen. Sie standen noch im eitlen Glauben, es würde angehen, trotz der weiterhin vollgültigen Ziele ihrer weltrevolutionären Politik sich taktisch für eine friedliche Koexistenz mit der kapitalistisch orientierten Welt einzusetzen. Es schien im westlichen Lager auch immer Verwirrung anzurichten, wenn ein Leonid Breschnew mit Friedensinitiativen daherkam, währenddem er gleichzeitig sein System samt Waffen in Drittweltländer exportierte. Aber es war nicht zu verhindern, daß sich in der Sowjetunion «Helsinki-Gruppen» bildeten. In Moskau waren ihre Vertreter Andrej Sacharow, A. Twerdochlebov, S. Kovaljov, J. Orlov, A. Ginzburg u.a. Sie gaben illegal die «*Chronik der laufenden Ereignisse*» als Untergrundzeitschrift heraus. Sie äufneten mit ihren Gesinnungsgenossen den «Solschenizin-Fonds», durch welchen politischen Häftlingen geholfen wurde. Ziel dieser bald auch in anderen Städten entstehenden Gruppen war, hinzuwirken auf das Einhalten der mit der Unterzeichnung angenommenen Vereinbarung von Helsinki. Doch die wortbrüchige

Sowjetregierung ahndete dies als «subversive Tätigkeit». Die Helsinki-Gruppen waren in der Sprache des Kremls «Agenturen des Weltimperialismus». Wer zu ihnen hielt, wurde verhaftet und meistens in die Verbannung geschickt. In Tiflis bestand die Helsinki-Gruppe – wie bereits erwähnt – aus den zwei ständigen Mitgliedern Swiad Gamsachurdia und Merab Kostawa. Sie gaben zwei illegale Zeitungen heraus: *Das goldene Vlies* befaßte sich mit schöner Literatur und *Der Bote Georgiens* mit der Verteidigung der Menschenrechte. Dieser Bote enthielt auch eine Chronik der laufenden Ereignisse inner- und außerhalb der Sowjetunion. Auf weitere Einzelheiten werden wir noch eingehen.

Seitdem Edward Schewardnadse 1972 zum Parteichef von Georgien aufrückte, nahm die Zahl der KGB-Agenten sehr rasch stark zu. Bald gab es keine Dienststelle, an welcher deren Aufpasser nicht unmittelbar oder durch Helfershelfer zugegen waren. Mit dem Segen des obersten KGB-Chefs, Jurij Andropow, stieg auch die Rate der Wirtschaftsdelinquenten, von welchen in Schewardnadses Amtszeit (1972–1985) achtzig hingerichtet wurden. Die Urteile lauteten auf «Verschwendung von Staatsgeldern» oder «Annahme von Schmiergeld».

Damit versuchte die Regierung, die an der Schattenwirtschaft selber maßgeblich beteiligt war, den Volkszorn auf Sündenböcke abzulenken, die freilich nicht dafür verantwortlich waren, daß man gewisse Güter zu übersetzten Preisen auf dem Schwarzmarkt kaufen mußte. Es war aber auch ein bequemer Weg, unliebsame Gegner irgendwelcher Art aus dem Weg zu schaffen. Schewardnadse ließ auch mehrere Geschäftsleute verhaften, die unter dem Schutz des früheren Parteichefs Mschawanadse reich geworden waren. Mit solchen Mitteln wurden fügsame Instrumente gebildet, die zum Teil unter Zwang, öfters aber auch aus Überzeugung willige Agenten waren. Das nannte Schewardnadse zynisch «Sozialisierung der Persönlichkeit».

Im vorliegenden Zusammenhang mag es zu besserem Verständnis gestattet sein, näher zu erläutern, daß im Zarenreich unter dem Namen «Intelligenzija» die soziale Schicht der Gebildeten verstanden wurde. Ihre Führer waren die Literaten. Sie umfaßte Philosophen, Wissenschafter und Künstler aller Arten. Da ihre große Mehrheit die brutale Revolution der Bolschewiken ablehnte, schickte sich die Sowjetführung an, sie ihren Zielen anzupassen. Während vieler Jahre begnügte sie sich damit, diese Intelligenzija von ihren kulturtragenden, moralischen Elementen zu «säubern» und gleichzeitig deren Glieder zu privilegieren, wenn sie bereit waren, mit der Partei zusammenzuarbeiten. Nun konnte es geschehen, daß auch Partei- oder gar Regierungsmitglieder der Intelligenzija angehörten. Dieses neue Gebilde erhielt bald den Übernamen «Nomenklatura-Intelligenzija».

Schewardnadse schuf zur «Säuberung» und zur «Privilegierung der nicht Opponierenden» als ein Novum das «Pseudodissidententum». (In Polen und Ostdeutschland waren ja auch mit Mehrparteiensystemen gute Erfahrungen gemacht worden.) Schewardnadse ließ es zu, daß bisher tabuisierte Themen erörtert wurden, solange eine gewisse Grenze nicht überschritten wurde. Pseudodissidente durften somit «ihre Meinungen äußern». Falls sie Parteimitglieder waren, kam es ihnen nicht in den Sinn, auszutreten. Es gab sogar Führungsmitglieder, welche an diesem großangelegten Täuschungsmanöver teilnahmen. Im Ausland bekannt wurden besonders einige Filmemacher und Theaterregisseure, sowie einige Schriftsteller. Zu den ihnen gewährten Privilegien zählte das Benützen von Ferienhäusern (Datschen), die dem Staat gehörten, der freie Zugang zu sonst geheimen politisch-historischen Archiven und schließlich das ungehinderte Auslandreisen auf Staatskosten.

Die echten Dissidenten hatten Verbannung und Gefangenenlager zu gewärtigen oder das Ausgetauschtwerden gegen im Westen gefangen gehaltene Sowjetspione. Letzteres war – ebenso wie die bloße Landesverweisung – mit dem Entzug der Staatsbürgerschaft verbunden. Grundsätzliche Feinde des Sowjetsystems wurden speziell in Georgien von den Pseudodissidenten entweder «verrückte Don Quijoten» oder schlimmstenfalls «böse Extremisten» gescholten. Mit seinem Gewährenlassen der ihm ungefährlichen «Gegner» motivierte Schewardnadse seine spätere Behauptung, er habe die Perestroika lange vor Gorbatschow eingeleitet.

Er sagte von sich, er habe Georgien zu einem Musterlabor gemacht für die Formung angestammter Völker zu einem fügsamen Glied des «sozialistischen Internationalismus». Hinter solchen Phrasen stand nackter, sozial-darwinistischer Chauvinismus. Sowohl bei der Besetzung vakanter Stellen als auch beim

Bestrafen von Vergehen zeigte sich die statistisch belegbare Bevorzugung aller andern Volksteile zuungunsten der Georgier. Dabei kam es zu krassen Verletzungen der Menschenrechte, und es entstanden neue Konflikte, oder alte wurden angeheizt. In dieser sozialen Umwelt setzten sich Swiad Gamsachurdia und Merab Kostawa für die Menschenrechte ein. Die Beruhigung der Zwiste forderte einen Rechtsstaat. Er allein konnte die jetzt als «übler Rest der Vergangenheit» behinderte Religiosität schützen. In ihm durften sich nicht nur parteiideologische Kulturleistungen entfalten. Im Blick auf dieses Ziel riefen die beiden Freunde in ihrer illegalen Zeitschrift *Das goldene Vlies* ihren Lesern ins Bewußtsein, wie sich die Werke der georgischen Meister mit den edelsten Schöpfungen der Menschheit messen durften. Sie druckten Werke georgischer und ausländischer Dichter, die im Sowjetstaat tabuisiert wurden. In ihrem *Boten Georgiens* hielten sie Schewardnadses unlautere Machenschaften ungeschminkt fest. Darin wurde einmal ein Bericht vom Schicksal eines Folterknechtes beschrieben. Als Eduard Schewardnadse noch MVD-General, das heißt Innenminister war, kam ein junger Mann namens Jury Zirekidse wegen seines Rowdytums ins Gefängnis. Dort wurde ihm bedeutet, daß er ungeschoren davonkomme, wenn er in den Dienst der Justizbehörden treten wolle. Er sagte zu. Seine Aufgabe war es nun, sogenannte Chosjaistwenniki, sogenannte Wirtschaftsdelinquenten, die zumeist völlig unschuldig, aber der Regierung unbequem waren, zu falschen Bekenntnissen zu bewegen. Der junge, sportlich gut trainierte «Diener der Gerechtigkeit» sollte seine Opfer physisch überwältigen, bis sie unterzeichneten, was ihnen von ihren Richtern vorgeworfen wurde. So ging das eine Weile. Doch die Auftraggeber waren so klug, allfällige Zeugen ihres Verbrechertums dann und wann wieder wegzuschaffen. Deshalb wurde Jury wegen seiner «unmenschlichen Methoden» vor Gericht gezogen. Aber bevor sein Mund durch Mord zum Schweigen gebracht wurde, passierte das Mißgeschick, daß er seine Auftraggeber zu Protokoll gab. Da der Prozess öffentlich geführt wurde, konnte ihn Swiad Gamsachurdia von Anfang bis zum Ende mitverfolgen. Da war nun im *Boten Georgiens* zu lesen, was Jury Zirekidse aussagte:

«Auf Befehl des Bevollmächtigten Leschawa und seines Bruders und im Auftrag E. Schewardnadses wurde mir gesagt, das Objekt Roman Enukidse würde zu mir geschickt. Er gehörte zu einer Gruppe des Büros für Landschaftsgestaltung. Leschawa, Swimonischwili und andere versprachen mir, daß sie mich freilassen würden, wenn ich diesen Fall übernähme. Schewardnadse hätte persönlich sein Wort darauf gegeben. Ich fertigte das Objekt Enukidse ab. Ich legte meine ganze Energie hinein. Er stand schon vorher unter Beobachtung. Ich erinnerte ihn an sein Zuhause und überzeugte ihn von allem. Ich brachte ihn zu einem Geständnis.»

Der Hinweis auf das «Zuhause» war mit einer infamen Drohung verbunden, seine Angehörigen es büßen zu lassen, wenn er sich nicht zu einem falschen Geständnis, wie es verlangt wurde, herbeiließ. Die Methoden, diesen unglücklichen «Objekten» beliebige Geständnisse abzupressen, lassen sich an einigen

Beispielen erkennen. Auch hier zitieren wir den *Boten Georgiens*: «Im Raum 45 schlug der Agent Agdgomelaschwili den Juden Michelaschwili im Auftrag des Einsatzleiters Panfilovs. Im Raum 44 schlugen zwei Agenten das Objekt Datusani, und sie schnitten ihn mit Rasierklingen. Im Raum 37 schlug Agent Usupian im Auftrag Panfilovs und Swimonischwilis das Objekt Waleri Kuchianidse derart, daß er Blut spuckte und hernach im zentralen Gefängniskrankenhaus starb.» Wir verweisen an dieser Stelle auf das Kapitel über die Folter in georgischen Gefängnissen in Ludmila Alexeevas Werk *The History of Dissidents in USSR*, Vermont 1984.

Es erschien ein Artikel über die Behinderung der Religionsausübung. Diese war offiziell gestattet. Doch geschah es, daß speziell dafür ausgebildete Komsomolzen, Parteiaktivisten und Polizisten sich vor den Kirchen aufstellten, um ganze Gruppen, vornehmlich jüngerer Kirchgänger abzufangen und in dazu vorbereiteten Räumen bis zum Ende des Gottesdienstes festzuhalten. Hier wurden die Personalien dieser Opfer notiert und etwaige Arbeitgeber von den «religiösen Eskapaden» benachrichtigt.

Auch Anliegen des Denkmalschutzes wurden behandelt. Der *Bote Georgiens* trat dafür ein, daß wertvollste alte Klöster nicht als Zielobjekte für militärische Übungen benützt werden sollten. Außerdem gelang es, Werke von Solschenizin, Sacharow und Amalrik abzudrucken, dazu Chroniken der laufenden Ereignisse, eine Sammlung von Interviews mit Solschenizin und eine Artikelsammlung mit dem Titel *Unter dem Druck der*

Steine. Wie das zu- und herging, beschrieb Swiad Gamsachurdia in der 1994 in Moskau in russischer Sprache erschienenen Sammlung von Aufsätzen unter dem Titel *Die Menschheit vor dem Dilemma*.

Da schildert er, wie Merab Kostawa und er mit Handkoffern, die mit frischgedruckten Exemplaren von Solschenizins *Archipel Gulag* gefüllt waren, Anfang 1975 ganz offen durch Moskaus Straßen zogen, um sie ihren geheimen Abnehmern zu überbringen. Dabei war das Weitergeben solcher Literatur äußerst gefährlich. Es wurde an einem dabei ertappten Buchhändler ein Exempel statuiert, indem er zu 15 Jahren Haft verurteilt wurde.

Ganz dahinter kam der KGB nie, wie diese Drucke überhaupt entstehen konnten. Denn alle Druckereien waren Staatsbetriebe. Überall hatte der Geheimdienst seine wachsamen Augen. Aber Gamsachurdia hatte ein raffiniertes Ablenkungsmanöver ausgeheckt, das er zum Schutz der Teilnehmer in diesem 1977 erstmals illegal herausgegebenen Bericht selbstverständlich nicht preisgeben konnte. Schwierigkeit bot nicht nur die schwarze Verwendung der Offsetmaschinen für den Buchdruck, sondern auch das leichter erkennbare Herstellen der Einbanddeckel und schließlich das Binden. Letzteres besorgten Gamsachurdias Gattin Manana mit ihrer Schwester Leda und Merab Kostawa in ihrem Wohnhaus. Wie Swiad Gamsachurdia nach seiner Verhaftung, über die Ausführlicheres mitgeteilt werden wird, während der mit ihm angestellten Verhöre erfuhr, machte der KGB seit 1974 seine Aufzeichnungen zu dieser Sache. Er stützte sich auf die Aussagen eines erwischten Druckers, der seine Aushorcher aber eher auf Holzwege führte, als daß er etwas Wesentliches ausgeschwatzt hätte. Die Gründe der Zurückhaltung des Geheimdienstes sind eher komplex. Sie können hier nur angedeutet werden: Einmal war die Lage in Georgien, wo etwa 25 000 neue Häftlinge in den Gefängnissen saßen, explosiv. Oft kam es zu Terrorakten – etwa zu Brandstiftungen in Fabriken, zu Sabotagen aller Art und sogar zu Sprengstoffanschlägen, einer direkt vor dem Regierungsgebäude. Dessen Urheber wurde sofort gefaßt und erschossen. – Dann war die Bekanntheit Konstantine Gamsachurdias ein psychologisch nicht unwichtiger Faktor. Er lag alt und krank zu Bett, und eine Verhaftung seines Sohnes hätte seinen Tod zur Folge haben können, mit all den zusätzlichen Reibungen, mit denen die Bevölkerung auf ein solches Ereignis reagiert haben würde. – Wichtiger noch war die Verbindung, zu welcher Swiad Gamsachurdia dadurch mit Alexander Solschenizin gekommen wäre, der sich damals im Ausland der allergrößten Popularität erfreute. Als dann der greise Schriftsteller eines natürlichen Todes starb, dessen glanzvolle Bestattung noch geschildert werden wird, wurde Swiad Gamsachurdia zwar nicht sofort verhaftet, aber er wurde arbeitslos. Er verlor seine Dozentenstelle an der Universität und wurde aus dem Schriftstellerverband ausgeschlossen.

Das Verhältnis der russischen Dissidenten zu ihren georgischen Mitstreitern war ausgezeichnet. Denn sie schätzten ihre Tätigkeit sehr hoch ein. Der wohl prominenteste Dissident, Andrej Sacharow, reiste mit dem Nestor der russischen Atomphysik, Professor Waizkopf, nach Tiflis. Da er selbst nach seiner Ankunft in der georgischen Hauptstadt ständigen Schikanen des Geheimdienstes ausgesetzt war, telefonierte er Swiad Gamsachurdia: «Es kann euch schlecht gehen, wenn ich zu euch komme.» Die Antwort war klar: «Macht euch keine Sorge, wir sind schon genügend Repressalien ausgesetzt.» Das nicht unwichtige Treffen fand deshalb statt. Denn es waren schwerwiegende Fragen der Dissidentenbewegung zu klären*.

Sacharows Warnung war sehr berechtigt. Nicht lange nach ihrem Zusammenkommen wurden die Besuchten verhaftet. Es wurde gegen sie ein Strafverfahren wegen «antisowjetischer Tätigkeit» eigeleitet. In dieser Vorphase ihres Prozesses wurden sie vom KGB-Gefängnis in Tiflis in das Moskauer Serbsky-Institut für Psychiatrie überführt, wo sie chemischer Behandlung und psychischer Folter ausgesetzt wurden. Beide traten hier mehrere Male in einen Hungerstreik, und sie wurden zwangsernährt. Das geschah durch einen eisernen Trichter, der von groben Händen in den Mund eingeführt wurde, der oftmals die Zähne verletzte. Dadurch wurde eine Mischung von Milch, Ei und Zucker in das

* Die zuvor warme, freundschaftliche Beziehung Sacharow-Gamsachurdia erfuhr nach der Perestroika eine starke Abkühlung. Sacharows Gattin, Frau Jelena Bonner, mockierte sich über das «georgische Imperium». In Wirklichkeit handelte es sich im Fall Georgiens um ein ohne irgendeine Gewaltanwendung organisch gewachsenes, kulturell-rechtliches Staatsgebilde, das mit der schweizerischen Eidgenossenschaft verglichen werden kann. Aber Sacharow vertrat die Ansichten Woodrow Wilsons: der abstrakt vorgestellten «Selbstbestimmung» ethnischer Gruppen. Die 15 Sowjetrepubliken wollte er in etwa 100 Kleinstaaten aufteilen, zu denen auch das zu Georgien gehörende Abchasien und Ossetien zählten.

Opfer eingeführt. Diese Tortur wurde in den Vereinigten Staaten bekannt. Der US-Kongreß schlug Gamsachurdia und Kostawa als Kandidaten für den Nobelpreis vor. Aber der norwegische Storting lehnte es ab, seinen gefährlichen Nachbarn dadurch zu ärgern. (Die Preise erhielten dann Menachem Begin und Anwar as Sadat.) Im Juli 1978 erfolgte der Urteilsspruch: drei Jahre Haft und zwei Jahre Verbannung. Swiad Gamsachurdia kam zunächst in die Halbwüste von Nogay, von wo er – wie noch zu beschreiben sein wird – Ende 1979 freigelassen wurde. Merab Kostawa wurde in ein Gefangenenlager für politische Delinquenten nach Perm geschickt. Hernach mußte er nach Irkutsk.

Kurz vor dieser Urteilseröffnung durfte Swiad Gamsachurdia am Fernsehen sprechen, weil er sich bereit erklärte, eine Art Reuebekenntnis abzulegen. Der Streifen wurde mehrere Male gesendet. Diese Tatsache gab Anlaß zu Mißverständnissen. Einige sagten, es sei ein Zeichen moralischer Schwäche. Andere meinten, er habe unter dem Einfluß psychotropischer Mittel gesprochen. Aber so war es nicht. Hatte sich doch bei den im Moskauer KGB-Gefängnis durchgeführten Verhören erwiesen, daß es zwei Motive waren, die seine Peiniger ganz besonders störten. Das eine betraf den Abdruck eines Flugblattes der ausländischen Gewerkschaft «N.T.S.» Es war eine radikal antikommunistische Hetzschrift. Zum andern schien der in einer amerikanischen Zeitschrift vorgebrachte Vergleich Gamsachurdias mit dem Kriegstreiber MacNamara darauf hinzudeuten, daß der georgische Dissident die USA um ein militärisches Eingreifen ersucht habe. Die KGB-Organe erwogen, Gamsachurdia gegen den von Pinochet gefangen gehaltenen chilenischen Kommunistenführer Luis Corvalán auszutauschen. Das hätte seine Abschiebung in ein westliches Land bedeutet, wodurch sein Weiterwirken fast verunmöglicht worden wäre. Diese Aussicht war es, welche er zur Veranlassung zu seinem taktischen Rückzug nahm. Und als er sprach, erwähnte er seine der kommunistischen entgegengesetzte Denkart überhaupt nicht. Er stellte fest, daß es falsch war, wenn er den Warnungen seines Vaters, sich radikal gegen die Regierung zu stellen, kein Gehör schenkte. Dabei nahm er – ohne es zu erwähnen – Bezug auf den Flugblattabdruck in seiner Untergrundzeitung *Der Bote Georgiens*. Zum zweiten Vorwurf konnte er offen gestehen, nie eine solche Ungeheuerlichkeit geschrieben oder gesagt zu haben. – Sein Bekenntnis hatte zur Folge, daß nicht mehr von einem Austausch die Rede war und er Ende 1979 auf freien Fuß gesetzt wurde. Als Merab Kostawa acht Jahre später endlich ebenfalls frei wurde, anerkannte er vorbehaltlos das Handeln seines Freundes. Ausdrücklich betonte er gegenüber seinen Freunden, die Swiad Gamsachurdias Vorgehen mißbilligt hatten: «Swiad hatte recht. Alles, was er (am Fernsehen) vorbrachte, hatten wir schon vor unserem Prozeß miteinander abgesprochen. Er mußte heraus, um zu pflegen, was wir gesät hatten.» In einem Gespräch mit den freien deutschen Journalisten Johann Michael Ginther und Felix Schultz, welche den exilierten Präsidenten 1992 in Grosny aufsuchten, vernahmen sie genau dasselbe. Kostawa, der mit ihm gefangen war, schlug ihm vor, sich durch ein Reuebekenntnis zu befreien, um an der notwendigen Untergrundbewegung weiter zu arbeiten. Das tat er in der oben beschriebenen Weise. Und er sagte ferner:

«Als ich aus dem Gefängnis kam, führte ich unsere Arbeit weiter und stellte alle Verbindungen mit dem Westen wieder her. Das wichtigste war damals, Verbindungen mit dem Westen zu haben, um Informationen aus dem Land zu bringen. Denn damals reagierte der Westen sehr drastisch ... Heute ist er taub und blind. Damals unterstützte uns der Westen, der auf unsere Informationen angewiesen war. Meine ‹Reue› war also notwendig. Niemand außer mir besaß diese Verbindungen mit dem Westen, auch weil es sonst niemand wagen durfte, an sie anzuknüpfen. Denn dies war sehr gefährlich. Aber da ich bald weltweit bekannt war, wagten ‹sie› es nicht, mich noch einmal einzusperren. Ich war also der einzige, der sich getraute, Ausländer anzurufen. Wer es sonst tat, wurde unverzüglich verhaftet. Nur ich durfte dies tun, und ‹sie› konnten mich nicht einsperren.»

Offiziell war Swiad Gamsachurdia nun auf freiem Fuß. Doch durfte er die Stadt Tiflis nicht verlassen. Ständige Bewachung wurde über ihn verhängt, und das wurde ihm auch deutlich mitgeteilt. Damit wurde psychologischer Druck auf ihn ausgeübt. Aber er ließ sich nicht einschüchtern. Er war das erste und als solches bekannte Mitglied der *Amnesty International* in der Sowjetunion. Das erlaubte ihm, Berichte über die mißliche Lage der politischen Häftlinge und über die Verfolgung gläubiger Christen ins Ausland zu vermitteln. Ein Beispiel der völligen Rechtlosigkeit war es, daß

Merab Kostawa 1982 kurz vor dem Ablauf seiner Verbannungszeit für ein natürlich gänzlich erfundenes Vergehen an einem Polizeibeamten angeklagt und zu weiteren fünf Jahren – diesmal «strenger Gefängnishaft» verurteilt wurde. Außerdem wurde es seinen Familienangehörigen verboten, ihn zu besuchen. Im Lauf des damals gegen ihn angestrengten Prozesses sprach er aus: «Sie behandeln mich genau so, wie Rußland Georgien behandelt.» Daraufhin trat er in einen unbefristeten Hungerstreik, wurde aber gegen seinen Willen künstlich ernährt. Nun aber erfuhr Swiad Gamsachurdia durch einen älteren Freund Merabs von dessen katastrophalem Gesundheitszustand. Er berichtete: «Ich sandte unverzüglich via France-Presse ein Telefonogramm an den sich von der Sowjetunion distanzierenden französischen Kommunistenführer Georges Marchais. Dieser setzte sich mit Präsident Mitterand in Verbindung, und Mitterand säumte nicht, Andropow anzurufen. Der Vorfall wurde zudem in den Medien breit ausgeschlachtet, und kurz darauf durfte Kostawa von seiner Familie wieder besucht werden, und er brach den Hungerstreik ab.» Doch das war nur eine einzige Episode des langen Kampfes. Zwei Jahre später wurde Kostawa wegen angeblichen Verstoßens gegen die Gefängnisleitung mit zusätzlichen fünf Haftjahren bedacht. Es entstand der Eindruck, man wolle sein Zusammenarbeiten mit seinem Freund lebenslänglich verunmöglichen. Dieser sorgte dafür, daß sich in Finnland, Schweden, Holland und Irland «Merab-Kostawa-Verteidigungskomitees» bildeten. Derweilen forderte Präsident Ronald Reagan die sofortige

Freilassung dieses – wie er ihn nannte – «iron man». 1983 stellte ein hoher Geheimdienstoffizier Gamsachurdia die Frage: «Habt ihr keine Angst vor Andropow? Er wird schon mit euch zurechtkommen.» Kurz nach diesem Drohen starb Andropow. Nur für ein Jahr folgte ihm Tschernenko und starb ebenfalls. 1985 kam die Perestroika.

4. DER 9. APRIL 1989 – EIN ASPEKT DER PERESTROIKA

In der Zeit der Perestroika entwickelte sich die kleine Bewegung für die Menschenrechte zu einer von weiten Kreisen der Bevölkerung getragenen Strömung. Die neue Sowjetpolitik brachte eine gewisse Liberalisierung mit sich. Perestroika wird oft als Verwandlung bezeichnet. Ihre genaue Übersetzung lautet aber Umbau. Gorbatschow leugnete nie, daß er seiner tiefen kommunistischen Überzeugung verpflichtet blieb. Was er änderte, war lediglich die Taktik seines Vorgehens. Wie weit zwischen ihm und Jelzin jederzeit ein geheimes Einverständnis bestand und der Putsch von 1991 ein abgekartetes Spiel war, versucht Christopher Story MA in Nummer 9/10 des *Soviet Analyst* (Vol. 22, Juni 1994) anhand eindrücklicher Belege darzustellen. Er beschreibt auch das lange vor diesem Putsch aufgebaute Institut – die heutige Gorbatschow-Stiftung – und deren weltweite Aufgabe, der Menschheit das leninistische Denken beizubringen. Dazu steuern amerikanische Wohltätigkeitsorganisationen enorme finanzielle Hilfe bei. In Anwesenheit des Ehepaars Gorbatschow sprach David Rockefeller vor versammelter High Society im Rahmen einer glanzvollen Feier im New Yorker Waldorf-Astoria-Hotel am 12. Mai 1992 die denkwürdigen Worte: «Mr. Gorbatchev possesses a considerable potential as a figure in philanthropic realm». Story fügt hinzu: «Wie würde sich Lenin darüber gefreut haben, von den Lippen eines so überreichen, äußerst brauchbaren Idioten einen solchen Quatsch zu hören.» Es ist auch im Hinblick auf die Ereignisse in Georgien nicht unwichtig zu wissen, daß an die amerikanisch-russischen Organisationen, bei welchen auch Eduard Schewardnadse an vorderster Stelle vertreten ist, viele Dollarmillionen flossen. Das sind Früchte der sogenannten Wende, welche Gorbatschow einleitete mit der Devise, den Sowjetsozialismus «menschlicher» zu machen. Solche «Erfolge» nur einer raffinierten Propagandistenpsychologie zuzuschreiben hieße die Augen vor der Tatsache des Bankrotts zu verschließen, in welchen das Sowjetsystem geraten war. Nur mit Raubbau an allen Gütern, an Menschen und Natur konnten die Löhne des Heeres der Geheimdienstverpflichteten, der riesigen Bürokratie, der überdimensionierten Armee und ihrer keine hungernden Mägen stillenden Industrie bezahlt werden. Das führte zu einem Ende. Dazu kam der sich immer stärker bemerkbar machende Druck zugunsten einer Wende aus dem Ausland. Und damit bestand die Aussicht, daß die sich aus dem Sowjetbereich erhebenden Gegner in legitime Machtpositionen gekommen wären, wie es im Fall von Georgien auch geschah. Die Perestroika war demnach auch eine Art von Ablenkungsmanöver von der Erkenntnis der bereits eingetroffenen Katastrophe. Eingestanden wurde dies von der heutigen Führung Rußlands damit, daß sie, zwar oft das Gegenteil behauptend, in allen wesentlichen Handlungen die politischen Entscheide Amerikas praktisch annimmt. Ein bemerkenswertes Detail liegt in der Tatsache, daß das FBI in Moskau eine selbständige Vertretung unterhält. Im Licht dieser Einsicht würde Lenin ob des Gorbatschow in New York erteilten Lobes wohl weniger Freude empfunden haben. Die Amerikaner sind zu gute Kaufleute, als daß sie für nichts Riesensummen ausgeben.

Es geschah demnach unter dem Zwang der Verhältnisse, wenn Gorbatschow an Chruschtschows «Ottepel» anknüpfte, was annähernd übersetzt «Erwärmung» heißt. Dazu gehörte die Freilassung der politischen Häftlinge und das Fallenlassen der Zensierung der Medien. Unverändert in Funktion und Bedeutung blieben jedoch der KGB, die Armee und die mit ihr verbundene Industrie. Nun hatte es den Anschein, als ob damit die leninistisch-marxistische Ideologie im Bereich der Sowjetunion geschwächt worden sei.

Davon war in Georgien nichts zu verspüren. Als Schewardnadse 1985 sowjetischer Außenminister wurde, übergab er sein Amt als Chef der Partei Georgiens dem streng linientreuen Dschumber Patiaschwili. Dieser verfolgte weiterhin Andersdenkende, verbot Kundgebungen und verhielt sich in einer Weise, welche einen an Radio Liberty arbeitenden Georgier zum Scherzwort verleitete: «Heute ist es so: für Rußland spricht Gorbatschow; für Georgien Ligatschow». (Ligatschow bildete für Gorbatschow eine Art «reaktionärer Kontrastfarbe», gegenüber welcher sich sein Bild vorteilhaft abzeichnete.)

Gegen dieses Regime empörten sich Tifliser Universitätsstudenten. Sie traten am 4. April 1989 vor dem Regierungsgebäude in einen Hungerstreik. – Stärker als in irgendeinem andern Teil der Sowjetunion hatte sich in Georgien eine von der Bevölkerung mitgetragene

Opposition gegen das Moskauer Regime gebildet. Bereits ein Jahr zuvor war es ihr gelungen, ein Eisenbahnprojekt zu Fall zu bringen, das schwerwiegende Mängel aufwies. Für die entsprechende Aufklärung sorgte eine Sonderausgabe der unter dem Titel *Matiane* erscheinenden Untergrundberichte, die Swiad Gamsachurdia nun herausgab. Hier wurden fachmännische Expertenberichte zu diesem Vorhaben veröffentlicht, welche die Regierung unter Verschluß gehalten hatte.

Nunmehr drohte die Verwirklichung eines weiteren Mammutvorhabens. Ein Riesenstausee sollte weite Gefilde fruchtbaren Landes überfluten. Das hätte eine Veränderung des wunderbaren Klimas bewirkt, das bis heute Georgien auszeichnet. Auch die vorgesehenen Kosten standen in einem Mißverhältnis zum erwarteten Energiegewinn. Es ging den planenden Technokraten im Grunde gar nicht um ein Verbessern der allgemeinen Verhältnisse, sondern in erster Linie um das Geld, das von den aus Moskau zu erwartenden Rubelsummen in ihre eigenen Taschen fließen sollte. Das war einer der schwerwiegenden und sicher voll berechtigten Gründe, aus denen diese Studenten vehement die Forderung nach der Gewährung der Selbstverwaltung forderten. Mit ihrem Hungerstreik sorgten sie auch für Aufsehen im Ausland, von woher sie Unterstützung erhofften.

Bereits die Tatsache, daß ein solcher Streik als eine Verzweiflungstat unternommen wurde, zeugt vom wahren Gehalt der Perestroika. Eindringlicher offenbarte er sich in den Vorgängen, welche sich in der Nacht vom 8. auf den 9. April 1989 ereigneten.

Es werden im folgenden drei sich ergänzende Augenzeugenberichte zitiert. Der erste stammt vom Verfasser dieses Buchs. Der zweite von einem Mitglied des Schriftstellerverbandes und der dritte von Swiad Gamsachurdia. Die beiden letzteren sind teilweise wörtlich der Anthologie *Der 9. April 1989* entnommen, welche von Georg Lauran, der diese Benützung freundlicherweise erlaubte, in Lebach/Saar 1991 herausgegeben wurden.

Seit dem Beginn des Hungerstreiks kamen ununterbrochen Besuche zu den auf den Steinstufen lagernden Studenten, um sie moralisch zu unterstützen. Es waren bei Tag und in der Nacht nie weniger als fünfhundert. Mehrere Male aber tausend, einmal – nach einem Aufruf Swiad Gamsachurdias im Anschluß an ein Fußballspiel – versammelten sich gegen 100 000 Personen auf den Straßen und dem großen Platz jener Gegend, um den Forderungen der «Gesellschaft Iljas des Wahrhaftigen», der «Helsinki-Gruppe» und der «Partei der nationalen Unabhängigkeit» nach der Unabhängigkeit Georgiens zuzustimmen.

Am 8. April hatte es sich herumgesprochen, daß aus Rußland sogenannte Speznas eintrafen. Es sei deren Aufgabe, die Streikenden wegzuschaffen. Diese nicht zur Armee gehörenden Truppen unterstanden unmittelbar dem persönlichen Kommando Michael Gorbatschows. Um die Bedrohten mit ihren eigenen Leibern zu schützen, fanden sich in den Abendstunden etwa 20 000 Menschen in der Nähe der Streikenden ein.

Wie aus der Skizze auf Seite 54 ersichtlich ist, standen sie auf dem durch parkierte Busse und Autos nur

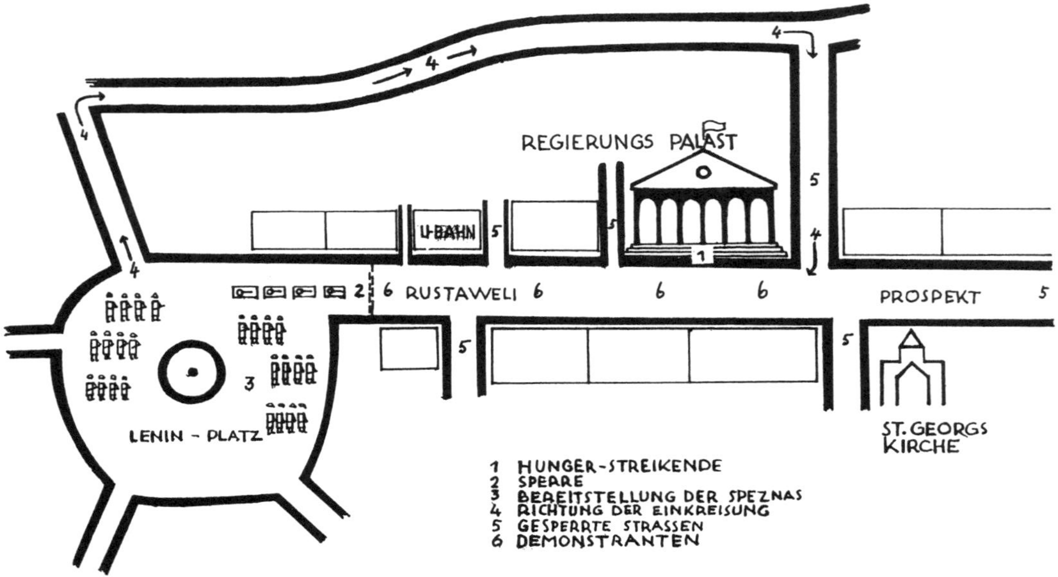
REGIERUNGS PALAST
U-BAHN
RUSTAWELI
PROSPEKT
LENIN - PLATZ
ST. GEORGS KIRCHE
1 HUNGER-STREIKENDE
2 SPEARE
3 BEREITSTELLUNG DER SPEZNAS
4 RICHTUNG DER EINKREISUNG
5 GESPERRTE STRASSEN
6 DEMONSTRANTEN

noch für Fußgänger zugänglich gelassenen, etwa zweihundert Meter langen Teilstück des Rustaweli-Prospektes, der sich vom riesigen Leninplatz an den Verwaltungs- und Regierungsgebäuden vorüber, dann von hohen Bäumen umsäumt, als die berühmteste Prachtstraße der Stadt Tiflis über einen Kilometer erstreckt. Im Demonstrationsgebiet ist diese Straße mindestens vierzig Meter breit. Die herbeiströmenden Frauen und Männer konnten die ein wenig erhöht auf den breiten Treppenstufen vor dem Regierungspalast liegenden Hungernden sehen. Dort standen immerfort sich ablösende Redner, deren Stimmen dank einer Lautsprechanlage auch den entfernteren Teilnehmern verständlich waren. Es herrschte eine nicht nachlassende Erwartungsstimmung, als Stunde um Stunde verging.

Eine Viertelstunde vor dem vierten Stundenschlag trat Patriarch Ilja II. in vollem Ornat, mit dem Bischofsstab in der Hand, in standesgemäßer Begleitung vor das Mikrophon. Aus großer Sorge – hob er an zu sprechen – habe er sich ganz von sich aus entschlossen, sich an die Versammelten zu wenden, um sie zu warnen. Man sei zu ihm gekommen, um ihm mitzuteilen, daß sich eine reale Gefahr nähere. Er bitte alle Anwesenden, den Platz zu verlassen. Sie könnten entweder in die Sankt-Georgs-Kirche eintreten, um dort zu beten, oder nach Hause gehen.

Auf diese Worte folgte Totenstille.

Nach einiger Zeit bangen Wartens ertönten einzelne Rufe: «Nein! Das wollen wir nicht.» Und es folgten die Stimmen Tausender: «Nein! Das wollen wir nicht.» Unmittelbar darauf trat ein Mann an den Lautsprecher, der das Vaterunser vorbetete. Alle Teilnehmer sanken auf die Knie und beteten mit lauten Stimmen nach. Kurz danach erklang fröhliche Musik. (Wie hernach zu erfahren war, musizierten blinde junge Leute, die in der Blindenschule Musikunterricht genossen.) Einige Demonstranten hatten genügend Raum, um zu tanzen. Die andern klatschten im Takt. Es herrschte ausgelassene Fröhlichkeit. Auch als vom Leninplatz her Panzer die aufgestellten Verkehrshindernisse wegschubsten und sehr langsam in die Menge fuhren, spielten die Blinden weiter, und die disziplinierten Demonstranten klatschten ohne Unterbrechung, als sie den vier großen Stahltieren eine Fahrbahn öffneten. Doch da schlug die Stimmung jäh um. Entsetzensschreie zerrissen sie, als hinter hohen Schilden Männer der Spezialeinheiten zuerst mit Knüppeln und dann mit messerscharf geschliffenen Spaten auf die wehrlosen Zivilisten einzuschlagen begannen.

Ein anderer Augenzeuge sah, wie sich die Menschenmenge vor den Panzern öffnete, um sich wie Wasser hinter ihnen wieder zu schließen. Doch dann gewahrte er vorrückende Soldaten, mit hohen Schutzschilden und Schlagstöcken bewaffnet.

»Ich befand mich in etwa fünf Meter Entfernung von ihnen. Eine Frau warf einen Schuh in Richtung der aufmarschierenden Soldaten. Es ist möglich, daß noch jemand ähnlich heftig reagierte. Aber in diesem Zeitpunkt waren die Hände der Demonstranten jedenfalls leer. Plötzlich schwangen auf Kommando die Soldaten ihre Schlagknüppel in die Höhe. Aus den Seitenstraßen kommend, rückten andere Truppen heran, und wie verabredet schlugen alle gemeinsam auf die Demonstranten ein, wobei mir auffiel, daß als Schlagwaffen auch Armeespaten von den Ordnungskräften eingesetzt wurden. Einige der Demonstranten setzten sich zur Wehr. Sie warfen Steine; ich sah von Bauzäunen abgebrochene Holzlatten in ihren Händen oder gar Schlagknüppel, die sie den Soldaten entwunden hatten (...) Die Menschen aber, die sich nicht zu wehren vermochten, waren schlimm dran. (...)

In die fliehenden Menschenmassen wurden Tränengasgranaten geworfen. Eine explodierte ganz in meiner Nähe.»

Swiad Gamsachurdia stellte fest, daß die georgische Polizei (die dort «Miliz» genannt wird), welche in großer Zahl das Regierungsgebäude und dessen Innenhof bewacht hatte, bis auf wenige abgezogen wurde. Ohne Begründung nahm man den letzteren die Waffen ab. Das war ein schlimmes Zeichen. Dazu kam die Kunde von der Bereitstellung von Spezialeinheiten in unmittelbarer Nähe von Tiflis. Es hatten in diesen Tagen in mehreren Fabrikbetrieben und auch an der Universität Sympathiestreiks für die hungernden Studenten stattgefunden, und auch die Zahl der Hungerstreikenden nahm zu. Gamsachurdia übergeht die weniger wichtigen Vorgänge, die dem Auftritt des Patriarchen vorangingen. Da dessen Aufruf erfolglos war, sollte nun Gamsachurdia dessen Rolle übernehmen. Der Chef der Polizei rief ihn zu sich in den Torbogen des Eingangs zum Regierungsgebäude. Er eröffnete ihm, es stünden Panzer und sowjetische Sondereinheiten auf dem Leninplatz. «‹Falls die Menge nicht binnen 15 Minuten auseinandergeht, wird sich hier eine Tragödie abspielen.› – Ich erwiderte ihm, daß ich mindestens zwei Stunden brauche, um mich mit andern Führern zu beraten. Und ich bestand auf dieser Zeitspanne. Er aber wiederholte stereotyp: ‹15 Minuten.› Als ich ihn auf die Folgen einer Schande für das Ansehen Gorbatschows im Ausland aufmerksam machte, trat eine dabeistehende Amtsperson hervor mit der Bemerkung: ‹Merke dir: man wird dein Haus sprengen, deine Frau und Kinder ermorden und letztendlich auch dich.›

Als ich zu den Demonstranten zurückkam, unter denen sich viele Frauen und Kinder befanden, hörte ich Rufe: ‹Die Armee kommt!› Unmittelbar danach wurden die ersten Panzer sichtbar, die langsam auf die friedlichen Demonstranten zurollten. Den Panzern folgten Einsatztruppen, große Schilde vor sich hertragend, bewaffnet mit Knüppeln und messerscharfen Armeespaten. Die Demonstranten machten anstandslos den Weg frei. Die Panzer fuhren vorbei. Dann fingen die Soldaten ganz unvermittelt an, auf die friedlichen Demonstranten mit Knüppeln einzuschlagen. Es entstand ein großes Durcheinander. Gleich zu Beginn wurde klar, daß die Militärs einen bestimmten Plan hatten.» Sie sollten die Demonstranten einkreisen und in den Hof des Regierungsgebäudes treiben. Das hätte den Anschein erweckt, daß es den Demonstranten um ein Erstürmen dieses Hauses ginge. «Diese Situation hätte den Militärs eine handfeste ‹Begründung› geliefert, rücksichtslos in die Menge zu feuern.»

«Aber die Rechnung dieses schrecklichen Planes ging zum Glück nicht auf. Die zwischen dem Regierungsgebäude und den Demonstranten stehenden Polizisten bildeten einen ‹Korridor›, durch den viele hilflose Menschen fliehen konnten. Nach dem ersten Ansturm gerieten die Menschen in Panik. Alle stürzten nach vorn zu den Treppen des Regierungsgebäudes. Ich selber befand mich inmitten der Menge. Jemand schrie verzweifelt: ‹Hungerstreikende, setzt euch!› Das aber wäre das verkehrteste gewesen, was man hätte tun können, denn mit den geschwächten Hungernden hätten sie ein leichtes Spiel gehabt. Im Gegenteil. Die Hungerstreikenden mußten sofort auf die Beine, um trotz ihrer schlechten Verfassung schnell vor den Soldaten fliehen zu können. Dafür bildeten nun wir Umstehenden einen ‹Korridor›, durch den man sie hinausbeförderte. So halfen wir vielen Menschen, bis uns die Militärs von allen Seiten eingekreist hatten. Wir konnten uns nicht mehr bewegen. Nun versprühten die mit Masken versehenen Soldaten einen chemischen Kampfstoff.» Gamsachurdia fand, daß dieses Gas abscheulich roch … «Ich fühlte mich schwach und schwächer werden, bis ich in Ohnmacht fiel. Als ich wieder zur Besinnung kam, befand ich mich vor dem Konzerthaus. Junge Leute hatten mich dorthin in Sicherheit gebracht. Im Konzertgebäude war eine Kundgebung. Dann gingen wir zur Universität, von wo her die Einwohner zu zivilem Ungehorsam aufriefen. Dann und wann wurden Nachrichten über die Zahl der Opfer verbreitet. Bis zum Sonnenaufgang ergingen wir uns auf der Straße, um da und dort Informationen zu vernehmen. Zwischen sieben und acht Uhr ging ich nach Hause.

Um neun Uhr drangen KGB-Leute in den ummauerten Vorhof meines Hauses und in den Garten. Dort rissen sie die Grabkreuze meiner Eltern und meiner Schwester aus ihren Verankerungen und schickten sich an, die Haustüre aufzubrechen. Ich öffnete das Tor und trat ihnen ganz ruhig entgegen. Sie gaben mir Zeichen, ihnen zu folgen. Ich mußte in einen Wagen einsteigen. Dann beschimpften sie mich mit unflätigen Worten und spuckten mir ins Gesicht. Sie warfen mir vor, ich hätte eine Menge Menschen ins Verderben gestürzt. Schließlich boten sie mir an, Selbstmord zu begehen. Wir fuhren in den Gefängnishof. Da erwarteten mich einige Rotarmisten. ‹Hier ist Gamsachurdia›, riefen ihnen meine Begleiter zu, ‹der Hauptverbrecher. Schlagt ihn! Erschießt ihn!› Die mit Knüppeln und Schilden ausgerüsteten Armisten verharrten zunächst unbeweglich. Dann begannen sie, mich mit Fußtritten zu behandeln, bis die Gefängnisdiener mich – vermutlich, um mich zu ängstigen – in die Todeszelle abführten.

Außer mir wurden auch Merab Kostawa, Georgi Tschanturija und ein wenig später noch Irakli Zereteli eingesperrt.

Wir alle wurden am 19. Mai auf freien Fuss gesetzt. Es wurde nun gegen uns ein Strafverfahren eingeleitet. Am 25. Februar 1990 weilte der tschechoslowakische Präsident Vaclav Havel zu einem offiziellen Besuch in Moskau. Er lud mich zu einem Freundschaftstreffen in die tschechoslowakische Botschaft ein. Als er vernahm, daß ich unter Hausarrest stehe und daß gegen mich ein Strafverfahren hängig sei, protestierte er dagegen beim Außenministerium der Sowjetunion. Da wurde das

Verfahren gegen meine Gefährten und mich sofort aufgehoben, und am 26. Februar waren wir frei.»

Bei der Bekämpfung der Demonstranten vom 9. April 1989 kamen demnach Knüppel, Spaten, Tränengas und Nervengas zur Anwendung. Das letztere wurde lange Zeit abgestritten. Glücklicherweise nahmen viele Ausländer an diesem Geschehen teil. Darunter waren auch deutsche Ärzte. Diese veranlaßten ihre anthroposophischen Kollegen vom Krankenhaus Herdecke bei Witten, zwei Doktoren zur Heilung der Gasvergifteten nach Tiflis zu entsenden. Von ihnen wurde auch Swiad Gamsachurdia nach seiner Haftentlassung behandelt. Vom 26. Mai an ging es ihm langsam wieder besser. Einige der am schwersten Mitgenommenen wurden nach Herdecke überführt, wo sie durch anthroposophisch erweiterte Heilkunst gesund gepflegt wurden. Es mag erstaunen, weshalb gerade die anthroposophische Medizin hier gefragt war, ja daß den deutschen Ärzten in einem Tifliser Bezirksspital ein eigener Arbeitsraum zur Verfügung gestellt wurde. Der Grund lag darin, daß andere Heilmethoden hier zu wenig oder gar nicht wirkten.

Hilfe erhielten aus praktischem Mitleiden die Giftgeschädigten auch durch Mutter Theresa. Sie kam im Juni 1989 nach Tiflis und ließ eine indische und zwei europäische Nonnen für die Betreuung der Kranken zurück. Natürlich wurden die Patienten in erster Linie durch ihre Familienangehörigen umsorgt. Doch an Not fehlte es nicht, welcher sich die Nonnen annahmen. Swiad Gamsachurdia und Merab Kostawa empfingen Mutter Theresa in Begleitung von etwa dreihundert

Gesinnungsfreunden, um ihr für ihr Kommen zu danken. Da wandte sie sich mit einer kurzen Ansprache an diese Gruppe. Gamsachurdia übersetzte ihre englisch gesprochenen Worte ins Georgische. Von seinem Zustand schrieb er später:

Während meiner Verhaftung zeigten sich die ersten Zeichen der bleibenden Einwirkungen der Gasvergiftung: Kehlkopfentzündung, Asphyxie, Hand- und Beinanschwellungen, schwankender Blutdruck, Herzjagen. Ich war sehr erstaunt über das Verhalten der Ärzte des Internationalen Roten Kreuzes. Mein Gesundheitszustand interessierte sie überhaupt nicht. Dabei muß ich festhalten, daß die Verwendung von Giftgasen bei den Ordnungs- und Streitkräften der UdSSR für mich nichts Neues darstellt. Der KGB benutzte Giftgas in den siebziger Jahren individuell gegen einzelne Dissidente, deren Verhaftung die sowjetische Führung nicht für zweckmäßig hielt. Giftgase wurden gegen den Moskauer Schriftsteller V. Voinovitsch, den Leningrader Maler Sharkich und gegen einzelne jüdische Aktivisten benutzt.

Am 23. September 1975 wurden toxische Gase auch gegen mich und meine Familie angewendet. Hund und Katze starben. Meine Frau und ich wurden ebenfalls vergiftet. Die Symptome glichen jenen der Vergiftung vom 9. April.» Der Nachweis der Blutuntersuchungen erbrachte keine restlose Klarheit über die Intoxikation. Die zuständigen militärischen Kommandostellen gaben zwar nach langem Zögern bekannt, es seien die Betäubungsmittel CS und CN eingesetzt worden. Ob davon eine so große Zahl von Verletzten durch eine

Überdosis zu den aufgetretenen Verwundungen gelangen konnte oder ob dieselben von anderen Giftgasen, etwa Chloropikrin, herrührten, blieb unklar.

Diese Feststellungen Gamsachurdias wurden durch die vielen Krankengeschichten und durch die Schlußfolgerungen der gerichtsmedizinischen Untersuchungen bestätigt. Es entstanden mehrere Gutachten über die Vergiftungen vom 9. April, so auch eines, das an der Universitätsklinik des Saarlandes erstellt wurde. Sie stimmen alle miteinander überein. Die Vorsteherin des Tifliser pathologischen Institutes, Frau Professor Tamar Dekanossidse, wurde bedroht, damit sie ihre Schlußfolgerungen widerrufe. Doch wollte sie nicht leugnen, daß nach ihren Erkenntnissen zwölf Menschen unmittelbar an diesen Gasvergiftungen starben. Der KGB hintertrieb die Forderung, Experten der UNO beizuziehen. Er schickte zwei seiner eigenen Leute als «UNO-Experten» vor, die weder Wunden von Spatenschlägen noch Gasvergiftete gesehen hatten.

Vor dem Aufräumen des Demonstrationsplatzes lagen viele Gegenstände am Boden: sehr viele Schuhe, auch Handtaschen, Bücher und Papier. Aber keine einzige Waffe. Die Geschehnisse dieses 9. April sind auf mehreren Filmen und auf sehr vielen Fotos festgehalten worden. Sie bezeugen die hier vorgelegten Aussagen.

Am selben Tage trafen aus Moskau die Politbüromitglieder Eduard Schewardnadse und Giorgi Rasumowsky in Tiflis ein. Ihretwegen wurde für die Dauer ihres Aufenthalts eine Ausgangssperre verhängt, und alle wichtigen Punkte wurden militärisch bewacht. Die beiden Herren kamen – wie sie beteuerten –, um sich zu erkundigen darüber, «was geschehen sei». Sie konferierten mit der Hochschulleitung, mit Studenten, Filmschaffenden und mit Schriftstellern. Danach sorgten sie für die Absetzung des von diesen Vertretern des Geisteslebens verurteilten KP-Chefs Patiaschwili und flogen zurück. Patiaschwili protestierte. Er sei – sagte er – vollkommen unschuldig. Er ließ hören, daß es den wirklichen Befehlsgebern sehr peinlich wäre, wenn er sie nennen würde. Und er drohte sogar, dies zu tun. Aber er unterließ es bis heute, sein Schweigen zu brechen. An seine Stelle rückte der junge, als liberal eingeschätzte Gumbaridse, auf den wir noch zurückkommen werden.

In der ganzen Sowjetunion nahm die Berichterstattung über den 9. April einen breiten Raum ein. Die allgemeine Empörung war enorm. Künstler, Wissenschafter und liberale Politiker beschuldigten die Militärorgane. Im Sowjetparlament wurde eine Untersuchungskommission gebildet, die im Grund keineswegs die Aufgabe hatte, konkrete Ergebnisse zu liefern. Der dafür geeignete Mann, Anatoli Sobtschak, der heutige Bürgermeister von Sankt Petersburg, war ihr Vorsitzender. Eine besondere Art von Strafe erhielt der Kommandant der kaukasischen Militärregion. Auch er wurde seines Postens enthoben, um fortan das hohe Amt eines Rektors der Moskauer Militärakademie zu bekleiden.

Die Verhandlungen des Kremls mit den Amerikanern zum Thema des Abzugs der sowjetischen Besatzungstruppen aus Osteuropa und dem Öffnen der Berliner Mauer waren im Vorfeld des 9. April ins

Stocken geraten. Gorbatschow hatte beteuert, dieser Abzug bereite große Probleme und er werde von seiten der Armeeleitung unter Druck gesetzt. Doch nach den heftigen, auch im Westen beachteten Vorfällen von Tiflis kamen diese Verhandlungen glatt voran. Daß hernach in derselben «Handschrift» durch Omon-Truppen in Baku und auch in Vilnius ähnliche Verbrechen verübt wurden, macht deutlich, daß weiterhin dieselben dunklen Mächte am Werk sind.

5. GEORGIENS ZWEITE REPUBLIK

Nach diesem 9. April lag das Neue spürbar «in der Luft». Tausende von Mitgliedern kehrten den Kommunisten den Rücken. Jene, die blieben, sahen in ihrem Parteibuch nur noch eine «Brotkarte». Denn von einem idealistischen Kommunismus war rein gar nichts mehr geblieben. Nichtkommunistische oder gar antikommunistische parteiartige Vereinigungen gewannen an Kraft. Es kam auch zu weiteren Demonstrationen. Am 13. Oktober 1989 widerfuhr dem Lada-Jeep, in welchem Merab Kostawa reiste, auf der Paßstraße zwischen Ost- und Westgeorgien unter ungeklärten Umständen ein Unfall. Die das Fahrzeug steuernde Frau überlebte, ist jedoch keines zuverlässigen Zeugnisses fähig. Ein weiterer Mitfahrer und er selber fanden den Tod. Er – der unbestrittene Liebling des Volkes – verbrachte zehn Jahre seines Lebens in Haft. Er starb in der Vollkraft seiner Persönlichkeit im Alter von fünfzig Jahren. Als ein Freund höchster Ideale, in all seinen Handlungen moralisch, eignete ihm eine Ausstrahlung, mit welcher er vielen Leidenden Trost bringen durfte. Und wenn er zu den Menschen sprach, entzündete seine Begeisterung dieselbe in den Herzen seiner Zuhörer. Er galt als «ein großer Held.» Und als man seine Reste nach Tiflis zurückbrachte, war die Stadt mit Trauergästen überfüllt. Geschätzt wurden hunderttausend Menschen. Die Feierlichkeiten nahmen den Charakter von Kundgebungen für die Unabhängigkeit an. Doch trotz der damit verbundenen

Hoffnung überwog zunächst die Trauer über den unsagbaren Verlust. Nur ein kleiner Teil derer, die ihm die letzte Ehre erwiesen, konnte auf der den Berg hinanführenden Straße die Prozession mit dem Sarg begleiten. Auf dem kleinen Plateau der steil aus dem Gelände aufragenden Anhöhe wurde der neben einem alten Kloster liegende kleine Friedhof erreicht. Hier fanden die sterblichen Reste Merab Kostawas direkt neben den von ihm verehrten Dichtern und Kulturschaffenden ihre Ruhestätte.

In dieser Zeit spürte die sogenannte Nomenklatura das Ende ihrer Machtstellung nahen. Ihre Angehörigen suchten nach Vorwänden, um dieses Ende hinauszuzögern. Um sich unentbehrlich zu machen, schürten sie ethnische Konflikte in Südostgeorgien, in Schida Kartli (Südossetien) und Abchasien. Doch die nationale Befreiungsbewegung ging darauf nicht ein.

War doch ihr einziges Anliegen die völlige Abschaffung des kommunistischen Systems. Und das war nur über freie Wahlen erreichbar. Diesem versuchte Gumbaridse als neuer Parteichef einen Riegel zu schieben. Bis dahin gab es einen «obersten Sowjet», eine Art Parlament, dessen Vorsitzender der Parteichef war. Die Räte rekrutierten sich aus Parteimitgliedern, die jeweilen auf Vorschlag mit 99% aller Stimmen der Bevölkerung unfehlbar gewählt wurden. Nun stellte Gumbaridse in Aussicht, daß beliebig viele Kandidaten zur Wahl vorgeschlagen werden könnten. Für die Registrierung weiterer Parteien gab es aber keine Möglichkeit und somit auch keine Parteilisten. Das mußten jene, die mit Gamsachurdia einig gingen, natürlich ablehnen.

Noch ein anderer Versuch wurde gemacht. Gumbaridse ließ seine Vertrauten ein «Forum» stiften. Das Geld dafür schenkte sein Stellvertreter Guram Mgeladse, der durch seine illegalen Verdienste bei der Leitung der dafür berüchtigten «Agroprom» zu großem Reichtum gelangt war. Hierzu wurden Vertreter aller Richtungen eingeladen. Auch Swiad Gamsachurdia. Tragendes Hauptmitglied wurde die «Gesellschaft Tbiliseli», welche die alte Nomenklatura umfasste. Ferner fanden hier erfolglos gebliebene Nationalisten, Pseudooppositionelle und die Intelligenzija-Nomenklatura eine neue Sphäre einer Erfolge versprechenden Gesellschaftspflege. Hier trat Dschaba Josseliani – finanziert von Mgeladse – zum ersten Mal in seiner Rolle als Anführer der Mchedrioni* auf. Er war es auch, der den Auszug des zwar eingeladenen, jedoch schlecht in diese Institution passende Gamsachurdia bewirkte, indem er kurzerhand direkt neben dem Versammlungslokal auf die Passanten schießen ließ. Diese legten sich schon nach dem ersten Schuß auf den Boden. Es wurde niemand verletzt. Unter den potentiellen Opfern befanden sich zwei Leibwächter Gamsachurdias, die sich vor dem Hause auf der Straße aufhielten. Ihr Schutzbefohlener nannte diese Tat einen Terrorakt und verließ dieses Forum für immer. Der Vorfall war ihm ein deutliches Zeichen, das er sofort verstand. Ohne zuzuwarten, begab er sich zu den Vertretern der Helsinki-Union, der Gesellschaft Iljas des Wahrhaftigen, der Traditionalisten,

*) Mchedrioni heißt Reiter. So nannten sich die Freischärler Josselianis.

der Merab-Kostawa-Gesellschaft und der National-liberalen Partei. Und in kurzer Zeit gründete er mit ihnen den «Runden Tisch freies Georgien». Er wurde zum Sprecher dieses Zusammenschlusses erkoren. Unter seiner Leitung entstand ein neues Wahlgesetz, welches offizielle, nichtkommunistische Mehrparteienwahlen erlaubte.

Für dessen Anerkennung war nun zu kämpfen. Auch vom «Forum» waren Wahlmodus-Vorschläge unterbreitet worden. Alteingefleischte Parteibonzen bedienten sich in ihm einer Sprache, wie sie die neue Mode gebot. Wie radikale Sowjetgegner nannten sie die in Georgien stationierten Streitkräfte «Okkupanten». Solange diese hier wären – beteuerten sie –, seien offizielle freie Wahlen illusorisch. Sie taten so, als ob sie auch den von Gumbaridse vorgeschlagenen reformierten Wahlvorgang ablehnten, waren aber bereit, ihn zu dulden, wenn in informellen, in inoffiziellen Wahlen ein mit beratenden Funktionen betrauter, nationaler Kongreß zustande komme. Das ganze Theater hatte nur den Zweck, Gamsachurdia auszuschalten. Dieser focht ohne Unterbrechung für «freie Wahlen». So ganz aussichtslos waren seine Verhandlungen mit den Behörden ja nicht. Denn was er forderte, entsprach den offiziell proklamierten Prinzipien der Perestroika. Und es war wohlbekannt, wie aufmerksam die Vorgänge in der Sowjetunion aus dem Ausland verfolgt wurden.

Da sperrte eine kleine Schar mutiger Demonstranten den Eisenbahnknotenpunkt von Samtredia. Damit wurde der durchgehende Bahnverkehr in den wichtigsten Linien unterbrochen. Diese Blockade war mit der

Forderung nach freien Mehrparteienwahlen verbunden. Nun schien es den Verantwortlichen inopportun, auch hier mit Waffengewalt einzugreifen, zumal sie ja mit ihrer «Wende zur Demokratisierung» kokettierten. Sie ließen nun freie Wahlen zu.

Es wurde beschlossen, 250 Abgeordnete zu wählen. Die Hälfte derselben sollte auf den Parteilisten stehen. Die andere Hälfte zu nominieren wurde dem individuellen Gutdünken der Wähler überlassen.

Die Wahlen fanden im Oktober 1990 statt. Der «Runde Tisch freies Georgien» bekam 64% der Stimmen. 27% erhielten die Kommunisten, und der Rest fiel auf die «Volksfront» und noch kleinere Vereinigungen. Sie bildeten zusammen mit den Kommunisten die Opposition. An der ersten Sitzung des neugewählten Parlaments wurde Swiad Gamsachurdia zum Vorsitzenden dieses Rates erkoren. Premierminister wurde der später abtrünnige Tengis Sigua. Die Fahne, das Wappen und der Hymnus der ersten Republik wurden wieder angenommen. Zudem eine provisorische Verfassung.

Als deren Vorgängerin war die «Transkaukasische föderative Republik» entstanden, als das Zarenreich 1917 zusammenbrach. In ihr waren Georgien mit Armenien und Aserbeidschan vereinigt. Aber die politische Unfähigkeit ihrer Repräsentanten vermochte dieses Gebilde nur ein knappes Jahr am Leben zu erhalten. Es bestand in dieser Gegend ein militärisches Vakuum. Da schickte sich die Türkei an, in das wehrlose Georgien einzumarschieren, auf das sie alte Ansprüche geltend machte. Doch lagen zwei Kriegsschiffe der mit den

Türken verbündeten Deutschen bei Batumi. Und da der Vertreter Berlins, Graf von der Schulenburg, ein großer Freund Georgiens war, bewirkte er einen deutschen Druck auf die Türken, der mit einer nach Georgien entsandten Truppe unter dem Befehl von General Kress von Kressenstein unterstützt wurde. Die Türken gaben sofort nach und zogen sich aus dem bereits besetzten Westgeorgien zurück.

Nach dieser Vorgeschichte erklärten die georgischen Menschewiken, bewogen durch den Willen ihrer Landleute und mit deutschem Beistand, am 26. Mai 1918 die Unabhängigkeit der neuen georgischen Republik. Daß sie mit dem weitaus größten Anteil der den Staatsakt legalisierenden Unterschriften vertreten waren, entbehrt nicht einer gewissen Schicksalsironie, da sie ja bis dahin die stärksten Gegner dieser Unabhängigkeit waren und aus diesem Grund Ilja Tschawtschawadse (1837–1907) bekämpften. Dieser wohl bedeutendste georgische Denker des 19. Jahrhunderts war ein echter Universalgelehrter. Er trat als Schriftsteller und auch als Dichter hervor, leistete auf vielen Gebieten Pionierarbeit, nicht zuletzt mit der Gründung der ersten georgischen Bank. Der Haß der sein Werk durchkreuzenden Marxisten gipfelte 1907 in seiner Tötung durch ein bolschewistisches Mordkomplott.

Da die Menschewiken 1918 die Mehrheit der Parlamentssitze innehatten, durften sie die Regierung stellen. Die zunächst von den Deutschen gewährleistete Schutzmacht wurde nach dem erzwungenen Rückzug derselben vom obersten Rat der Alliierten übernommen, welcher dazumal aus Großbritannien, Frankreich, Italien,

Japan und Belgien bestand. Die «Georgische Demokratische Republik» – wie sie sich nannte – wurde am 7. Mai 1920 sogar von Sowjetrußland beglaubigt.

Es bezeugte in einem Vertrag, die georgischen Souveränitätsrechte mit Bezug auf Volk und Land, welche Rußland innegehabt hatte, rückhaltlos anzuerkennen. Nach der einhundertsiebzehn Jahre andauernden Unterdrückung herrschte nun in Georgien eine freudige, feierliche Stimmung. Unabhängig davon, wer die Macht besaß, beflügelte diese neuempfundene Unabhängigkeit den kulturellen Aufschwung des Landes. In der Welt zerstreut lehrende georgische Hochschullehrer gründeten 1918 in Tiflis eine eigene Universität. Der sie vereinigende Initiator war der Tschawtschawadse-Verehrer Professor Iwane Djawachischwili. (Bereits ein Jahr zuvor wurde durch die Kirchenorgane selber der russische Exarch heimgeschickt und die georgische Autokephalie wieder in der althergebrachten Weise ausgeübt.)

Georgiens erste Republik bestand nur während drei Jahren. Sie schuf eine demokratische Verfassung. Und schon reifte in der Bevölkerung der Wunsch nach Neuwahlen, weil die marxistischen Ideen auf zunehmenden Widerstand stießen, nachdem deren Wirkung in das allgemeine Leben einzudringen begann. Die Menschewikenregierung schenkte solchen Regungen wenig Beachtung, da sie sich im Bündnis mit Sowjetrußland stark fühlte. Sie glaubte an dessen Vertragstreue und an dessen Freundschaft. Deshalb unterließ sie auch den Aufbau einer kampfkräftigen georgischen Armee. Das sollte sich bald bitter rächen. Der

Geheimdienst der Sowjets war über alles bestens unterrichtet, was in Georgien geschah. Sowohl Lenin wie auch seine in Rußland tätigen georgischen Verbündeten bereiteten die Besetzung dieses Landes vor. Der nachmals bekannt gewordene Bolschewik Kirow mißbrauchte seine Position als sowjetischer Botschafter in Tiflis zugunsten einer kräftigen bolschewistischen Propaganda.

1920 liquidierte Sowjetrußland die unabhängigen Länder Armenien und Aserbeidschan. Im folgenden Jahr wurde ein in Südostgeorgien künstlich inszenierter kommunistischer Aufstand zum Vorwand dafür genommen, daß die 11. sowjetische Armee die georgischen Grenzen überschritt. Nach einem heftigen, aber aussichtslosen Widerstand wurde der 25. Februar 1921 zum Stichtag der totalen Sowjetisierung Georgiens, die im November 1990 nach vollzogenen Wahlen in aller Form wiederum abgeschafft wurde.

Nun begann die Vorbereitungarbeit, die Übergangsperiode bis zur staatlichen Unabhängigkeit. Das Ausarbeiten einer neuen Verfassung wurde in Arbeit genommen. Auch eine völlig neue Verwaltungsstruktur wurde geschaffen, mit welcher die Organe der Kommunistenära zu ersetzen waren. Ohne Blutvergießen wurde das Sowjetregime aufgehoben. Das geschah mit einem enormen Einsatz. Dieses Parlament verabschiedete in dem ihm vergönnten vierzehn Monaten 140 Gesetze, unter denen anspruchsvolle Neuschöpfungen wie etwa das Gesetz über die Privatisierung und über die Neugestaltung des Finanzwesens und zur Pressefreiheit von ausländischen Fachleuten als sehr beachtenswert eingestuft wurden. Es wurde auch beschlossen, das Archiv des KGB öffentlich zugänglich zu machen. Da stellte sich heraus, daß dessen Akten vorsorglich längstens nach Rußland verbracht worden waren.

Die ständig in Georgien kasernierten sowjetischen Truppenverbände wurden in keiner Weise zum Abzug aufgefordert. Sie wurden als Überbleibsel des bisherigen Zustandes vorläufig respektiert, wenngleich nun in aller Form als Besetzungstruppen angesprochen. Was mit ihnen geschehen sollte, war zu gegebener Zeit in internationalen Verhandlungen zu regeln. Vorläufig war eine gerechte Teilung der in den Zeughäusern lagernden Militäreffekten, einschließlich Waffen und Munition vorgesehen. Zunächst garantierte der Staat Georgien die Sicherheit des Militärpersonals und seiner Familien, sowie den Schutz ihres Privateigentums.

Im März 1991 erfolgte die Volksbefragung über die Unabhängigkeit Georgiens. Sie wurde mit 99% der Stimmen bei einer überwältigend hohen Beteiligung erwünscht. Und genau zwei Jahre nach dem Massaker vor dem Regierungsgebäude wurde die Unabhängigkeit feierlich erklärt.

Noch fehlte die Wahl des ersten Präsidenten der Republik. Wie nicht anders zu erwarten, fiel sie am 26. Mai gegen fünf weitere Kandidaten mit 87% der Stimmen eindeutig auf Swiad Gamsachurdia.

Von Anfang an sucht er gute Kontakte mit allen Nachbarländern. Er stand auch in Kontakt mit dem damaligen Oppositionsführer Boris Jelzin. Und als die Minenarbeiter von Kusbas in den Ausstand traten, erschienen dort mehrere georgische Transportflugzeuge mit humanitärer Hilfe. Aber eine neue Einbindung in die soeben gelösten Ketten mußte Gamsachurdia grundsätzlich ablehnen. Darum distanzierte er sich von Gorbatschows Novo-Ogarjovo-Prozeß, der in einem Unionsvertrag die alte Sowjetunion grundsätzlich zu erhalten trachtete. Hier wollten auch die Balten und sogar die Ukrainer nicht mitmachen. Aber der amerikanische Präsident George Bush unterstützte Gorbatschows Anliegen. In einer in Kiew gehaltenen Rede drohte er allen nach Unabhängigkeit strebenden, ehemaligen Sowjetrepubliken mit Ausnahme der baltischen Staaten. Sie würden – sagte er – keine amerikanische Unterstützung erhalten, falls sie den Unionsvertrag nicht unterzeichneten.

Im August 1991 kam es in Moskau zu jenem Putsch, in dessen Folge ein Rollenwechsel stattfand. Gorbatschow übernahm die Leitung des bedeutenden ehemaligen Lenin-Institutes, das nun Gorbatschow-Stiftung hieß, und Jelzin rückte an die Stelle von Gorbatschow ... Nun auferstand das Anliegen der Union in der GUS. An diesem Augustende wurde Präsident Gamsachurdia vor dem amerikanischen Fernsehen CNN gefragt, was er von diesem Moskauer Putsch halte. «Gorbatschow» – sagte er – «muß hineinverwickelt sein. Es ist ein Spektakel Gorbatschows.» Anderntags wurde vom gleichen CNN-Sender ein wütender George Bush ausgestrahlt, der Gamsachurdia die Leviten las: «This man» rief er entrüstet, «muß lernen, wie er seine politischen Äußerungen zu formulieren hat. Ich habe überhaupt der Eindruck, daß dieser

Mann gegen den Strom schwimmt.» Offenbar war Herrn Bush in diesem Moment die Naturtatsache nicht voll gegenwärtig, welche einst bereits Gotama Buddha feststellte: «Mit dem Strom schwimmen nur die toten Fische und die Leichen der Rinder.» Mit diesem Hinweis quittierte Gamsachurdia lakonisch Bushs Rede. Doch die präsidiale Äußerung gab das Signal für die Zerschlagung der zweiten Republik.

Dahinter stand ein Geheimabkommen, von welchem M.R. Beschloss und der einflußreiche Cecil-Rhodes-Scholar Strobe Talbott in *At the Highest Levels* (Boston–Toronto–London 1993) schrieben: «In Tiflis äußerte Swiad Gamsachurdia, der beliebte, für die Unabhängigkeit plädierende Feuergeist und Sohn des bekanntesten georgischen Schriftstellers, daß George Bush mit Gorbatschow einen faustischen Geheimpakt schloß, des Inhalts: Im Gegenzug für die sowjetischen Konzessionen werden die USA wegschauen, falls der Kreml qualifizierte Grausamkeit anwende, um seine Republiken zu unterdrücken.»

Im August 1991, als in Moskau der Putsch im Gange war, erhielt Präsident Gamsachurdia den Besuch des russischen Vizeverteidigungsministers General Schurawljow. Der General erklärte, es sei im ganzen Land der Ausnahmezustand verhängt worden, und mit dieser Begründung forderte er von Gamsachurdia die Auflösung seiner Nationalgarde. Andernfalls – fügte er bei – müßten sehr harte Maßnahmen ergriffen werden.

In Anbetracht seiner vielfältigen Erfahrungen mit derartigen Drohungen leistete der vorsichtig Gewordene dieser Aufforderung insofern Folge, als er den Namen «Nationalgarde» fallenließ und deren Bestände dem Kommando seines Innenministeriums unterstellte. Es handelte sich um höchstens 2000 Mann. Denn diese Garde befand sich in ihrer Aufbauphase. Aber dem bisherigen Anführer der Nationalgarde, der zudem mit dem Innenminister persönlich verfeindet war, mißfiel dieser Beschluß. Deshalb zog er mit den seinem Kommando noch folgenden Truppen aus den Kasernen in abgelegene Berggebiete. Diese energische Persönlichkeit – Tengis Kitowani – war Swiad Gamsachurdia seit seiner Jugend bekannt. Vom Angestellten eines Farbwarenlagers arbeitete er sich als Selfmademan in eine angesehene Stellung hoch, und gewiß nicht zu Unrecht traute der Präsident es diesem Manne zu, die Organisation der zu schaffenden Verteidigungsmacht erfolgreich in die Hand zu nehmen, zumal im entscheidenden Zeitpunkt niemand da war, der über die hier erforderlichen Willenstalente verfügte.

Die Kehrseite lag in Kitowanis Ehrgeiz. Er wäre gern Verteidigungsminister geworden. Aber der Präsident ließ diesen Posten vorerst unbesetzt. Daß hier in seinem Sinn nur ein militärisch gut ausgebildeter Fachmann in Frage komme, erfuhr Kitowani, als er mit den Seinen in die Berge gezogen war. Und als dann nach einigen Tagen die Weisung eintraf, wieder in die Kasernen zu ziehen, meuterte er. Ein großer Teil der Gardisten gehorchte nun dennoch dem obersten Befehlshaber und kehrte Kitowani den Rücken. Diesem blieben noch etwa 400 Mann. Mit diesen verschanzte er sich bald in einer Kaserne unweit der Hauptstadt.

Dort geschah es, daß Tengis Sigua, der kurz vorher wegen Uneinigkeiten im Ministerrat aus demselben ausgeschieden war, Kitowani weis machte, Gamsachurdia habe vor Schurawljow kapituliert. Er könne ihn deshalb als Präsidenten nicht mehr annehmen.

Etwa zwei Wochen hielt diese spannungsgeladene Situation an. Da kam es – wie schon oft zuvor – zu einer wenig beachteten, kleinen Kundgebung. Das erwähnte Forum hatte sich inzwischen zum programmierten «informellen Kongreß» durchgemausert, obwohl nie eine entsprechende Wahl stattfand. Dieser «Kongreß» versuchte, sich an solchen vom Präsidenten geduldeten Kundgebungen Gehör zu verschaffen. Aber am 2. September wurden sie von regulären Sondereinheiten verprügelt. Nachdem zwei Manifestanten verwundet waren, wurden sogar Schüsse gehört.

Derweilen verhandelte der ahnungslose Präsident mit amerikanischen Kongreßabgeordneten über deren Anerkennung des neuen, wieder belebten georgischen Staatswesens. Die amerikanischen Bedingungen waren: Stabilität und Demokratie.

Die Schreckensbotschaft wurde in einer Weise überbracht, welche Gamsachurdia die Urheberschaft des rücksichtslosen Vorgehens anlastete. Die Verhandlungen wurden deshalb sofort abgebrochen, denn die Bedingungen waren klar unerfüllt.

Durch die Weltpresse wurde ausgeschrien, Gamsachurdia regiere als ein Diktator mit den von früher bekannten Terrormitteln. Bald wurde klar, wie so etwas möglich wurde. Denn der bis dahin scheinbar loyale Major Lantschawa hatte diese Sondertruppe ohne

Befehl seiner Vorgesetzten angeführt. Anschließend floh er, um sich in Kitowanis Schutz zu begeben. (Seine Untreue wurde hernach honoriert. Er wurde unter Schewardnadse Kommandant der Omon-Truppen.)

Vergeblich bemühte sich die Regierung mit den Abtrünnigen ins Gespräch zu kommen. Denn sie bildeten eine Fronde mit dem einzigen Ziel, Gamsachurdia zur Abdankung oder Absetzung zu zwingen. Sie versuchten dies mit Störaktionen, indem sie mit Bauschutt an wichtigen Straßen Barrikaden errichteten. Andere besetzten das Fernsehgebäude. Doch der umsichtige Präsident verstand es, solche Schädigungen ohne Gewaltanwendung zu parieren. Sein gutartiges Handeln wurde von vielen als Schwäche ausgelegt. Was sie an ihm verloren hatten, kam ihnen erst in den Sinn, als es zu spät war. Solche Gutmeinende meinten sogar, er hätte Dschaba Josseliani, den er gefangen hielt, hinrichten sollen ... So rückte das Verhängnis näher und näher. Die psychologische Vorbereitung dazu schilderte im Herbst 1993 der abgesetzte ehemalige Chef des Büros für Staatssicherheit in Georgien, Irakli Batiaschwili, in der in Tiflis erscheinenden Zeitung *Iweria-Expreß* (Nr. 5/226) am 8. 2. 1994: «Im September 1993 pilgerten zahlreiche Mitglieder unserer Opposition und der aufständische Teil der Intelligenzija [der Pseudointelligenzija; d. V.] nach Moskau, um dort Politikern und Regierungsmitgliedern zu begegnen, wie Burbulis, Ruzkoi, Primakow, Schewardnadse, Kosyrew und andern. Von deren Unterstützung ermuntert, kehrten sie heim, um noch kühner gegen Gamsachurdias angebliche Diktatur zu hetzen. Zugleich wurden zahlreiche russische KGB-

Agenten sowohl in ihre Kreise als auch in die Nationalgarde eingeschleust.» Kitowanis oppositionelle Militärformation erhielt Zuwachs durch die führungslos gewordenen Mchedrioni. Mit modernsten Waffen versorgte ihn der Vizekommandant des kaukasischen Militärbezirks, General Bepaew, der später in einer Moskauer Zeitung damit prahlte. Er sagte allerdings nicht, wer ihm dazu Auftrag und Vollmacht gab.

Im Spätherbst fanden zwischen den Präsidenten Rußlands, der Ukraine und Weißrußlands wiederholt Gespräche statt, welche – als noch weitere Staaten dazugekommen waren – im Dezember in Alma Ata zur Gründung der GUS führten.

Die zur Prüfung des GUS-Vertrags nach Alma Ata gereiste georgische Delegation mußte ihn ablehnen. Denn er stellte eine unannehmbare Bevorteilung Rußlands dar, vor allem in der Teilung des ehemaligen sowjetischen Unionsbesitzes. Dazu kam, daß Rußland in «Südossetien» einen unerklärten Krieg führte.

Am Tag der Heimkehr dieser Delegierten nach Tiflis begann die Beschießung des Regierungspalastes.

Die Regierung der zweiten georgischen Republik verfügte über keine gut ausgebildete Armee. Sie war den im vorgenannten Sinn ausgerüsteten Gegnern, besonders auch weil diese mit gut trainierten russischen Panzerfahrern verstärkt wurden, nicht gewachsen.

Dennoch wäre es mit der Hilfe einer großen Zahl sich zur Verfügung stellender Freiwilliger möglich gewesen, gegenüber den Putschisten die Oberhand zu gewinnen.

Darüber berichtete drei Jahre später einer der wichtigen Offiziere Gamsachurdias: «Am 5. Januar 1992 waren für die Offensive gegen die Putschisten dreihundert Gardisten und fünf Panzer in Bereitschaft. Von unseren Offizieren war ein Plan zur Vertreibung der Putschisten aus der Stadt ausgearbeitet worden. Am nächsten Tag sollte diese Operation beginnen. Doch in der späten Nacht kam der Befehl des Präsidenten, daß keine Offensive stattfinden solle, weil wir den Regierungspalast verlassen. Wir waren darob alle ratlos.» (*Msgepsi*, Nr. 2/95)

Darüber sprach sich Präsident Gamsachurdia aus, als er im Spätherbst 1992 in Wien weilte: «...für kurze Zeit hätten wir einen militärischen Sieg erreichen können. Zugleich aber bedeutete ein solcher Bürgerkrieg unsere politische und moralische Niederlage. Hernach wären wir auch physisch gescheitert.»

Präsident Gamsachurdia harrte bis am 6. Januar 1992 im belagerten Regierungsgebäude aus. Dann trat er die Flucht an, um – nach seinen eigenen Worten – «weiteres Blutvergießen zu vermeiden». Auf Umwegen erreichte er Tschetschenien, wo ihm der ehemalige Fliegergeneral und persönliche Freund Dschochar Dudajew Schutz gewährte.

Mit Gewalt wurde das georgische Parlament – das frei gewählte – aufgelöst. Ein von Rußland protegierter «Militärrat» kam an seine Stelle. Der nun als «Retter der Nation» aus Moskau herbeigeflogene Schewardnadse verwandelte dieses illegale Gremium in einen «Staatsrat» und ließ sich selber als dessen Vorsitzenden von demselben anerkennen. Proteste waren kaum zu hören.

Hingegen wurde die neue politische Situation weltweit gebilligt.

Der deutsche Außenminister Genscher und sein amerikanischer Amtskollege Baker ebneten in Übereinstimmung mit den russischen Generälen Eduard Schewardnadse durch offene Unterstützung den Weg zur Macht in Georgien. Sie beendeten damit die so tragisch-kurze Existenz der zweiten georgischen Republik, die so hoffnungsvoll ins Leben trat. Und dies, obwohl sie von 36 Staaten bereits anerkannt war. Es weckt allerdings ein zwiespältiges Gefühl, daß diese Anerkennung durch die USA erst nach dem Beginn des Putsches erfolgte. Der die Menschenrechte hoch achtende Gamsachurdia mußte anderen Sonderrechtsanmaßungen weichen. Was dies für Georgien bedeutete, soll im nächsten Kapitel dargestellt werden.

6. DIE LAGE NACH DEM UMSTURZ

Der georgische Putsch, den Eduard Schewardnadse als eine «demokratische Revolution» bezeichnete, verlief weniger harmlos und friedlich als der Moskauer Putsch im August 1991. Mit Hilfe von Panzern, Kanonen und Raketen wurde das Regierungsviertel zerstört. Unmittelbar nach dem Rückzug des Präsidenten zeigte das Fernsehen uniformierte Gestalten, die vor der lebendigen Kulisse brennender Gebäude Sekt trinkend ihren Sieg feierten. Es war ein wahres Bild, das deutlich zeigte, wer das ganze Unheil herbeiführte. Von dem diese Revolution angeblich tragenden Volk war gar nichts zu sehen.

Es stand nach wie vor zu dem Vertriebenen, und es gab seit Anfang 1992 in verschiedensten Manifestationen immer wieder und unmißverständlich seiner Auffassung Ausdruck. Es forderte die Abdankung der nun die Macht innehabenden Junta und die Wiedereinsetzung der legitimen Regierung.

Der Militärrat beantwortete solche Kundgebungen mit erbarmungsloser Härte. Seine Polizeiorgane bestanden aus freigelassenen Kriminellen, von welchen der georgische Generalstaatsanwalt im Frühling 1992 am Fernsehen erklärte, sie seien «wegen ihrer Verdienste bei der Revolution» begnadigt worden.* Nun waren sie «Nationalgardisten» unter Kitowanis Kommando, der

* Er sprach von der Freilassung von 4 000 Gefangenen.

nun Mitglied des Militärrates war. Neben ihm kommandierte Josseliani seine Mchedrioni, die zu einem großen Teil regelrechte Räuber waren. Mit solchen Leuten wurden Demonstranten auseinandergetrieben, wobei nicht nur Schlagstöcke und scharfe Hunde, sondern auch Schußwaffen angewendet wurden. Besonders schlimm war es am 2. Februar. Da gab es viele Verwundete und zehn Tote.

Auch Josseliani gehörte zu diesem Militärrat. Er wirkte zuletzt als Professor für Theaterwissenschaft, nachdem er seine Gefängnisstrafe für den Mord an der alten Inhaberin eines von ihm überfallenen Juweliergeschäftes verbüßt hatte. Während der Dauer der zweiten Republik saß er wegen erneuten bandenmäßigen Diebstahls hinter Gittern. Als Schewardnadse die Zügel ergriff, machte er ihn zu seinem Stellvertreter als Staatsoberhaupt.

Er sagte dazu: «Wir arbeiten gut zusammen am Aufbau einer demokratischen Gesellschaft. Was er in seiner Kindheit getan hat, kümmert mich nicht.»

Für den amerikanischen Außenminister James Baker ergab sich ein aufschlußreiches Bild, als er zur Feier des Jahrestages der georgischen Unabhängigkeitserklärung am 26. Mai 1992 seinem ehemaligen diplomatischen Kollegen Schewardnadse einen Besuch abstattete. Von seinem Gastgeber und Josseliani eingerahmt, stand er auf der Ehrentribüne auf dem größten Platz der Stadt Tiflis. Gerade verklangen die ersten Worte seiner Begrüßungsansprache, in welcher er bekannte, er sehe dieses Land «auf dem Weg der Demokratisierung», da erhob sich ein ohrenbetäubender Lärm. Obwohl die

Lautsprechanlagen immer stärker eingestellt wurden, ging die Fortsetzung dieser Rede unter im Donner des Menschengebrülls und im Widerhall der in den angrenzenden Straßen abgegebenen Maschinengewehrsalven. Eine unübersehbare Menschenmenge hatte sich in die Zugänge zum Festplatz gedrängt und wurde nun mit den hier üblichen Methoden der Demokratisierung vertrieben.

Im darauffolgenden Oktober wurden Wahlen durchgeführt, in welchen sowohl die Parlamentarier als auch deren Vorsitzender zu bestimmen waren. Unter allerlei Drohungen – etwa auch mit dem Verlust des Arbeitsplatzes – gelang es, einen Teil der Wählerschaft an die Urnen zu bringen. Von den Freunden des Vertriebenen wurden diese Wahlen boykottiert. Es war deshalb von vornherein klar, daß der einzige Kandidat Schewardnadse mit großem Mehr gewinnen musste.

Die Regie war tadellos. Offizielle ausländische Beobachter, die vom Hilton-Hotel in ausgewählte Stimmlokale und wieder zurück ins Hotel geführt wurden, waren von diesen demokratischen Verhältnissen angenehm beeindruckt. Anders sahen es die Vertreter insbesondere britischer und finnischer Helsinki-Gruppen. Zu den wenigen, die im Sinn der letzteren ein realistisches Bild der Ereignisse gaben, gehörte der Korrespondent der *Neuen Zürcher Zeitung* Ulrich Schmid und die Sprecherin der in Frankfurt am Main domizilierten Internationalen Gesellschaft für Menschenrechte.

Nach diesen Wahlen ergab sich eine Wiedereinsetzung der alten Nomenklatura. Diese konnte sich nunmehr aber nur so weit halten, als sie sich mit den in der

Regierung vertretenen Räubern arrangierte. Anders waren auch sie vor handgreiflichen Übergriffen ungesichert. Das Räubertum hat zwar in diesem Land eine alte Tradition. Es existiert sogar eine Volksballade vom «guten Räuber Arsen», der insofern mit Robin Hood verglichen werden kann, als er die den Reichen abgenommenen Schätze unter die Armen verteilte. Aus der Ungerechtigkeit der unsozialen Verhältnisse zur Selbsthilfe getrieben, lag in diesem Räubertum etwas im Grund durchaus nicht Unmoralisches. Darum wurde ein als ein guter Mensch Geachteter wie der Vater Pawel Florenskijs, der unbewacht für andere Reisende sehr gefährliche Gegenden durchfahren durfte, gleich wie Ilja Tschawtschawadse, niemals behelligt. Jetzt galten diese alten Regeln nicht mehr. Jetzt galt der «freie Markt» – für die freien Freibeuter. Ihre Protektoren waren Schewardnadse und Josseliani. Unter diesen Umständen halten viele Unternehmer ihre Betriebe lieber – auf bessere Zeiten wartend – geschlossen, als immer wieder um die schwer erarbeiteten Früchte ihrer Produktion gebracht zu werden. Einen andern Aspekt gibt das Beispiel eines finanzkräftigen Getränkefachmanns, der sich für die Wiederbelebung eines stilliegenden modernen Mineralwasserbetriebs interessierte. Dieser sei – hieß es – im Besitze Kitowanis. Eine Pacht sei erlaubt. Der Zins betrage 50% des Gewinnes. Das wäre ein annehmbarer Vorschlag gewesen. Doch das Odium, ein «Mann Kitowanis» zu werden, und die Aussicht, das Wasser deshalb nicht verkaufen zu können, ganz abgesehen von den nach einem Sturz Kitowanis vorauszusehenden Folgen, genügten dem Interessenten, sich von dem Projekt zurückzuziehen. – Schauen wir zurück, wie sich solches Freibeutertum den Bestrebungen Swiad Gamsachurdias in den Weg stellte. Er berichtete darüber im Sommer 1992 den beiden bereits erwähnten deutschen Journalisten:

«Für die Wirtschaft hatten wir als erstes ein Privatisierungsgesetz vorbereitet. Das war allerdings schwierig. Wir begannen mit Privatisierungsexperimenten. Das war sehr interessant. Einmal wollten wir ein großes, staatliches Geschäft privatisieren. Und wir fanden jemanden, der es kaufen wollte. Doch da meldete sich eine andere Person, welche erklärte: ‹Dieses Geschäft i s t schon privatisiert. Was macht ihr da ? Ich habe es gekauft.› In Georgien wurde also illegal privatisiert. Die Mafia begann die Privatisierung ohne die Regierung. Und als die Mafia begriff, daß ich das auf legaler Basis wollte und nicht willkürlich, begann sie gegen mich zu kämpfen. Denn ich bin ganz gegen Diebstahl, gegen eine solche Art von Privatisierung auf dem Schwarzmarkt, gegen die Schattenwirtschaft überhaupt. Schattenwirtschaft bildete aber schon immer die reale wirtschaftliche Basis des Sowjetsystems, und sie ist es bis heute ... Durch eine Privatisierung in diesem Sinn sollte die Mafia legalisiert werden.»

Das geschah denn auch. Die Schattenwirtschaft triumphierte. Und die Folge war das heutige Regime, welches neben seinen sonstigen Unannehmlichkeiten durch das Ausfallen von Strom, Gas und Öl die Produktion auf das schwerste behinderte.

Es ist daher auch für bestens qualifizierte Fachleute aller Sparten einfach unmöglich, einen Arbeitsplatz zu finden. Es bleibt ihnen oft nur noch das Betteln, um am Leben zu bleiben. Daß es überhaupt ein Überleben gibt, ist auch den unzähligen fleißigen Händen zu verdanken, die auf jedem verfügbaren Stückchen Boden etwas Eßbares ziehen.

Ein weiteres Beispiel: Ein Hochschullehrer besitzt ein Ferienhaus. Auch er könnte da sein Land anbauen. Das ist ihm aber aus Gründen der Distanz unmöglich.

Mit vorgehaltener Waffe wurde er aus seinem Auto hinauskomplimentiert, mit dem dann einige Räuber davonfuhren. Sein Einkommen würde angesichts der um sich greifenden Inflation niemals zum Leben reichen. Nun unterrichtet der sehr befähigte Mann, dessen Tätigkeit hochgeschätzt wird, an zwei weiteren Institutionen, an welchen er – zwar kläglich –, aber dennoch in Dollarwährung bezahlt wird. Grotesk mutet auch das Finanzgebaren des von Schewardnadse protegierten Direktors der Nationalbank Georgiens, Dwalischwili, an. Er lieh hundert Millionen Dollar – ohne Rückzahlungsverpflichtung – an Geschäftsleute, die sich mit dem geliehenen Gelde nach Rußland oder ins westliche Ausland absetzten. Anfang September 1994 zur Rechenschaft gezogen, gab der Financier vor dem Untersuchungsrichter den Namen seines Auftraggebers bekannt. Daraufhin kam er im Gerichtsgebäude um sein Leben. Offiziell hieß es: durch Selbstmord. Damit war der Fall insofern erledigt, als keine Anklage erhoben wurde und die Akten der Untersuchung unbekannt blieben. Es kam freilich nur ein einziger Täter in Frage: der Staatschef.

Unter diesen Bedingungen verfügt bisher einzig Coca-Cola über die erforderlichen Machtmittel, sich als ausländischer Investor in Georgien zu behaupten.

Nun hätte die Regierung Schewardnadse gerne Erdgas und Öl aus Iran importiert und dies mit Kampfflugzeugen der sowjetischen Modelle Su25 und Jap48 bezahlt. Diese Flugzeuge baut ein ehemals sowjetisches Werk in Tiflis. Auch die Russen wären daran interessiert gewesen, dieses Unternehmen wieder zur Prosperität zu bringen. Sie garantierten sogar, die nötigen Rohstoffe für die Produktion zu liefern. Darüber berichtete der *Londoner Soviet Analys*t im April 1993. Damit wären jedoch amerikanische Interessen tangiert worden, und die Sache verlief im Sand.

Ein weiteres Projekt besteht im Errichten einer direkten West-Ost-Verbindung von den Schwarzmeerhäfen Poti und Batumi, welche zu Georgien gehören, über Aserbeidschan, Turkmenien, Kasachstan nach China. Die Planung für diese kürzeste, preisgünstige Verbindung für diesen «eurasischen Korridor» – wie der offizielle Name lautet, war schon recht weit gediehen. Mit seiner Infrastruktur hätte eine solche Verkehrsader den Anstößern unschätzbare wirtschaftliche Vorteile gebracht, zumal die Führung von Erdgas- und Ölleitungen damit hätten verbunden werden können. Doch hier legten die Russen ihr Veto ein. Denn ihre gegenwärtigen Führer haben im Sinn, eine solche Verbindung – auch wenn sie erheblich größere Distanzen zu bewältigen hätte – über ihr eigenes Territorium zu lenken.

Das sind einige Kostproben der sich in diesem Land Tag für Tag ereignenden Unmöglichkeiten. Eine sehr große Anzahl seiner Einwohner verließen es. Die heutige offizielle Berichterstattung gibt zu, es sei etwa eine Million. Das ist ein Fünftel der Bevölkerung.

Das Einsperren von Gegnern, die dem Regime gefährlich erscheinen, ist so selbstverständlich wie zur Stalinzeit. Die internationale Gesellschaft für Menschenrechte ICFM und die Helsinki Human Right Watch stellten kürzlich fest, daß die zahlreichen in Georgien unter fadenscheinigen Anklagen wegen Landesverrats oder Terrors und dergleichen ganz unschuldig Eingesperrten durchwegs mißhandelt werden. Es gibt keine Gefängnisse, die auch nur annähernd den internationalen Normen für Strafanstalten entsprechen. Nach wie vor wird gefoltert. Anwälte und Familienangehörige werden schikaniert. Der für die Gefangenen kaum spürbare Unterschied, der ihre Peiniger leitet, liegt gegenüber früher, wo angeblich alles einem idealen – marxistischen – Ziel dienen sollte, in ihrer ideologischen Indifferenz. Es besteht keine andere politische Doktrin als der Selbsterhaltungstrieb der unter verzweifelten Umständen die Regierung stellenden Personen. Die wirkliche Macht liegt bei den russischen Besatzungstruppen. Unwesentlich ist es, mit welcher Begründung sie da sind. Auch als Blauhelme gehorchen sie ihren militärischen Vorgesetzten. Den führenden russischen Politikern mag es nur recht sein, wenn sich die schwer lenkbaren Georgier zerfleischen. Denn damit kommen sie jenen Zielen entgegen, welche der Imperialismus Peters des Großen anstrebte und die von keiner russischen Regierung aus den Augen verloren wurde. Rede- und Pressefreiheit sind nominell gewährleistet. Jeder darf sagen und schreiben, was ihm paßt. Doch wenn er dies gegen bestimmte ungeschriebene Gesetze tut, wird etwa eine Zeitungsdruckerei entweder ausgeraubt oder wegen «staatsfeindlicher Umtriebe» zeitweise geschlossen.

Schewardnadse ließ sich durch Ilja II. taufen. Er bekannte sich öffentlich zur orthodoxen Kirche. Denn ihm war die Bedeutung der Kirche sehr genau bekannt. Das hinderte ihn allerdings nicht, im Mai 1995 vor dem einzigen im Bereich der ehemaligen Sowjetunion übriggelassenen Monumentalbildnis Josef Stalins, in dessen Geburtsort Gori, zur Feier des 50. Jahrestags des Endes des «großen vaterländischen Krieges» einen Kranz niederzulegen. Wie es sich mit dem Wert der Kirche verhält, soll im nächsten Kapitel geschildert werden.

7. KIRCHE UND POLITIK

Durch viele Jahrhunderte erfüllte die auf sich selbst gestellte (autokephale) georgisch-orthodoxe Kirche ihre Mission der geistigen Führung der Georgier. Um darüber zu berichten, wird manches bereits Angedeutete wiederholt und ergänzt werden müssen. Allgemein kann gesagt werden, daß das allgegenwärtige geistliche Leben dieses Land seit Urzeiten formte. Wie im ersten Kapitel erwähnt wurde, konnte die Christianisierung an Vorhandenes anknüpfen. Es fand ein Wiederfinden statt des im Paradies zurückgelassenen Urguten. Das gab den Menschen die Rückbesinnung auf ihr wahres Wesen. Ganz besonders deutlich wurde dies durch die Wahrhaftigkeit des heiligen Georg, dessen Kultus in unzähligen größeren und kleineren Gotteshäusern unabläßig gepflegt wurde. Etwa 200 Klöster, von denen mehrere Mönchsgemeinden (Bertubani) bis zu 6000 Mitglieder zählten, widmeten sich der Gelehrsamkeit, den Künsten und der Seelsorge. Sie teilten ihre Arbeit mit Kriegern und Bauern. Diese Stände waren nicht streng geschieden. Waren doch die «von Gott bestellten Könige» auch Priester, griffen doch auch Geistliche zu den Waffen, wenn dies erforderlich war, und für Bauern und Handwerker war die Berufsausübung durchaus in Musikalität eingebetteter Gottesdienst. Wäre ein Bauer nach der Melodie eines Arbeits- oder Dankesliedes gefragt worden, hätte, er geantwortet: «Ich weiß sie nicht. Aber komm mit uns aufs Feld, dann wirst du sie hören.»

Diese Musik war eben nicht von einem Menschen «komponiert», um dann gesungen zu werden. Sie war eine unmittelbare Zwiesprache mit den göttlichen Wesenheiten, welchen die menschliche Kulturarbeit im Bebauen der Felder diente. In späteren Zeiten wurden solche Melodien aufgeschrieben und sogar in Chören konzertmäßig vorgetragen. Auch hier war noch etwas von dem Ursprünglichen spürbar.

Als die Russen im Beginn des 19. Jahrhunderts die kirchliche Selbstverwaltung Georgiens aufhoben, gab es 76 Diözesen für etwa drei Millionen Einwohner. Sehr genau hatten die Eroberer erkannt, daß die Kraft der Georgier in ihrer Frömmigkeit lag. Deshalb taten sie alles, um die georgische Kirche zu schwächen. Das erste war die Einführung der russischen Sprache in den Kultus. Damit wurde die heilige Handlung für den größten Teil der Bevölkerung vom Text her unverständlich. Dann wurde mit dem Umgestalten der Kirchenräume begonnen. Bereits im 16. Jahrhundert erhoben russische Mönche Kritik an der in Georgien geübten Malerei. Sie sei ketzerisch, meinten sie, denn sie widersprach fast durchwegs ihren engen Vorstellungen der Ikonologie. Diese Kritik wurde nun Teil des Russifizierungsprogramms, dem viele der herrlichsten, unwiederbringlichen Wandmalereien Ostgeorgiens zum Opfer fielen.

Akaki Zereteli, der sehr beliebte volkstümliche Dichter des 19. Jahrhunderts, gab dieser Tatsache in dem nachfolgenden Gedicht beredten Ausdruck:

Des Landes Verräter
wird Dank und Lob nicht entbehren.
Man trachte mit jedem Schritt,
das Land zu russifizieren.
«Wir müssen ihnen
zuallererst den Glauben wegnehmen.
Denn haben sie einmal
ihr Gewissen verloren,
kann man leicht russifizieren.»

So sagten sie und begannen,
ihre Absicht auszuführen.
Und jene, welche niederlegten,
was sie als Georgier waren,
entbehrten nicht Dank und Lob.

. . . .

Georgiertum ging mit dem Glauben
– erfüllend der Feinde Absicht –
für immer verloren.
Und so trat denn die Heuchelei
an die Stelle der Gottesverehrung.
Beispiele dazu gaben
heutige Priester.

Doch zunächst brachte die Revolution für Georgien eine Wende. Die Autokephalie wurde 1917 wieder hergestellt. Von den 76 alten Diözesen lebten dann nur noch 11. Die restlichen waren verwaist oder «eingeschlafen».

Damals wurde folgende Ordnung eingeführt: Das Oberhaupt der Kirche war der «Katholikos-Patriarch von ganz Georgien und Erzbischof von Tiflis und Mzcheta». Er regierte mit dem hohen Patriarchalrat, der durch ein alle drei Jahre einzuberufendes Generalkonzil gewählt wurde. Ex officio gehörten ihm die Bischöfe an. Er setzte sich je zur Hälfte aus geistlichen und weltlichen Mitgliedern zusammen. Aus dem Kreis der Bischöfe weihte der Patriarch drei bis vier Erzbischöfe oder Metropoliten, welchen neben ihrer Diözesanverwaltung die Klöster unterstellt waren. Das Frauenkloster der heiligen Nino von Bodbe war der Zuständigkeit des Patriarchen unterstellt. Außerdem bestimmte der Patriarchalrat das aus höheren Geistlichen bestehende Kirchengericht. Als 1927 ein mit der Tscheka zusammenarbeitender Mann unter dem Namen Christophoros Patriarch wurde, löste er das Kirchengericht auf.* Der Druck gegen die Kirche nahm zu. Viele ihrer Vertreter wurden erschossen oder in die Verbannung (Gulag) geschickt. Die große Mehrheit der kirchlichen Bauten wurden ihrer Bestimmung entfremdet, oder sie wurden geschlossen oder abgerissen.

Zu Beginn der siebziger Jahre gab es in Georgien noch drei Diözesen und ein einziges Priesterseminar in Mzcheta. Und daß es diesen kleinen Rest noch gab, diente nur der Taktik, in jeder Stadt einige wenige

* P. Dr. Michael Tarchnischwili gab diese Zusammenfassung in einem Aufsatz über das Christentum in Georgien, der 1936 erstmals in der in Stuttgart erscheinenden Zeitschrift *Der christliche Osten* erschien. In ähnlicher Weise, wie in früheren Zeiten gegen persische, arabische und türkische Bedroher die katholische Kirche aus Georgien zu Hilfe gerufen wurde, suchte Tarchnischwili nunmehr deren Unterstützung gegen die atheistische Sowjetregierung.

Kirchen bestehen zu lassen, um dem Ausland weiszumachen, daß in der Sowjetunion Religionsfreiheit herrsche und daß es keine Verfolgung der Gläubigen gebe.

Der Atheismus war aber fester Bestandteil der offiziellen Ideologie, und in den Schulbüchern des historischen Materialismus war zu lesen, Religion sei ein übler Rest der Vergangenheit, welche verschwinden werde, weil ihr jede wissenschaftliche Grundlage fehle.

Zu welcher Primitivität solche Lehren führten, bezeugt die Aussage des ersten Weltraumfliegers, Jury Gagarin: «Ich war in den himmlischen Sternenräumen und konnte nirgends einen Gott entdecken. Folglich gibt es keinen.» Nehmen wir zu seinen Gunsten an, er sei betrunken gewesen, als er so sprach. Andere Weltraumflieger gelangten im Zustand der Schwerelosigkeit zu Wahrnehmungen verstorbener Angehöriger. Dieses Erleben verwandelte sie aus gleichgültig dahinlebenden – in tief religiöse Menschen.

Der von den Sowjetherren übrig gelassene Rest der einst großen Kirche bestand aber zum größten Teil nur noch zum Schein. Denn nach und nach wurden alle höheren Ämter mit «roten» Priestern besetzt. Sie waren nicht immer Agenten des Geheimdienstes, doch arbeiteten sie mit diesem zusammen. Einer dieser Roten war der Metropolit Gayos (Keratischwili). Er verkaufte wundervolle Kirchenschätze, meistens außerhalb Georgiens, zugunsten seiner eigenen Tasche. Außerdem war er als homosexuell bekannt. Swiad Gamsachurdia berichtete in seiner Untergrundzeitschrift 1976 so darüber: «Wahr ist, daß in den letzten Zeiten die Homosexualität auch in die höchsten Kirchenkreise Eingang hielt. Sie wird von

Bischöfen und Metropoliten betrieben, welche dem Kirchengesetz entsprechend Zölibatäre sein sollten. Die Duldung dieses geheimen Kultes ist hingegen ein gut verständliches Phänomen. Denn strafbare Personen sind leichter lenkbar. Sie können jederzeit verhaftet werden. Und darüber hinaus ist eine solche Tatsache bestens geeignet, Religion und Kirche in den Augen des Volkes zu diskreditieren.»

Solche Vorkommnisse begannen unter der Regierung des alt und krank gewordenen Patriarchen David V., der zudem noch KGB-Agent war. Als sein Zustand ruchbar wurde, zeichneten sich zwei mögliche Kandidaten für seine Nachfolge ab. Einer war der vorerwähnte Keratischwili. Der andere war der charmante Erzbischof von Abchasien, Ilja (Irakli) Schyolaschwili, der – obwohl unvermeidlicherweise ein «roter» – von Swiad Gamsachurdia und Merab Kostawa unterstützt wurde. Im *Boten Georgiens* deckten sie die verbrecherische Tätigkeit seines Mitbewerbers auf. Sie verbreiteten diese Nachricht auch dort, wo die Sowjetregierung ihre Schwachstelle hatte: im Ausland.

Deshalb wurde der Geheimdienst gezwungen, einen seiner eigenen Angehörigen zu verhaften. Der mit zwei Pistolen bewaffnete Kriminelle wurde in flagranti festgenommen, als er versuchte, gestohlene Ikonen zu verkaufen. 1979 wurde er vom Landgericht zu 15 Jahren Haft verurteilt. Doch ohne die Intervention der beiden Dissidenten wäre Keratischwili sehr wahrscheinlich Patriarch geworden. Daß aber Schyolaschwili dieses Amt als Ilja II. antreten durfte, hatte noch eine interne Vorgeschichte. Es wurde von der Gefangenschaft und vom Hungerstreik Swiad Gamsachurdias berichtet und von seinem Reuebekenntnis am sowjetischen Fernsehen. Dazu wäre nun noch nachzuholen, daß er sich hierzu nur unter der Bedingung bereit erklärte, daß man ihm die Verhaftung und Verurteilung Keratischwilis garantiere und Schyolaschwili zur Nomination vorschlage.

Der begabte Ilja II. präsidierte während einiger Jahre den Weltkirchenrat, und trotz seiner Sowjettreue nahm in den Jahren nach seiner Inthronisierung der Besuch der Gottesdienste in Georgien ein wenig zu. Nach und nach stieg die Zahl der Eparchien auf vierzehn. Auch wurden neue Kirchen gebaut, und Tiflis erhielt eine theologische Akademie. Es fanden viele Weihen neuer Priester statt. Doch war mit der Tatsache ihrer Vermehrung die Frage nach ihrer inneren Güte nicht beantwortet. Gleichzeitig nahm nämlich auch die Korruption zu. Der dieselbe kontrollierende Hintermann war Viktor Schiolaschwili, ein Bruder Iljas II., spottweise «Patriarch Nr. 2» genannt. – Nach wie vor lag die effektive Kirchenleitung beim Geheimdienst. Beim Ministerrat der Sowjetrepublik Georgien gab es dafür eine Kontaktstelle, eine Art «Treuhandbüro für Angelegenheiten der Religion». Ihre Leiter waren hochrangige Geheimdienstoffiziere. Sie kontrollierten alles, was in der Kirche vorging, und verstanden es nach Gutdünken zu fördern oder zu hemmen. Dieses Büro funktionierte bis 1990. Dann mußte es dem Druck der Befreiungsbewegung weichen. Seine Funktionäre fanden bisweilen auch schon früher keinen besseren Ausweg, als etwas anzunehmen, das ihren Zielen durchaus zuwiderlief. So gelang es einer Gruppe gläubiger Menschen mit der Unterstützung Swiad Gamsachurdias Ilja Tschawtschawadses Heiligsprechung durchzusetzen; da mehrere Personen für eine Heiligsprechung vorgeschlagen wurden, bewog Gamsachurdia den ihn zu einer Audienz empfangenden Patriarchen sich für Tschawtschawadse zu entscheiden, was dann 1987 auch geschah. Fortan hieß er «heiliger Ilja der Wahrhaftige.»

Außerdem verlangten Swiad Gamsachurdia und seine kirchlichen Gesinnungsgenossen mit Nachdruck die Wiedereinrichtung des aufgelösten Patriarchalrates und des Kirchengerichts. Damit hätte die in die Kirche einbrechende Korruption und Anarchie aufgehalten werden können. Doch stieß dieses berechtigte Ansinnen auf den heftigsten Widerstand sowohl des Patriarchen als auch des «Treuhandbüros». Es ist bis auf den heutigen Tag noch immer nicht erfüllt worden, obwohl Swiad Gamsachurdia, als er Präsident war, dafür wesentliche Vorbereitungen traf, über welche noch einiges zu sagen sein wird.

Was er nach den freien Wahlen von 1990 zunächst durchführen konnte, war die Abschaffung der kommunistischen Feiertage und die Wiedereinführung der christlichen Feste: Weihnachten (6. Januar), Taufe Christi (19. Januar), Ostern (beweglich), Verklärung Christi (19. August), Mariä Himmelfahrt (28. August), Swetizchoweli-Feier (14. Oktober) und das Georgsfest (23. November). Das geschah zur unbeschreiblichen Herzensfreude der ganzen Bevölkerung, wenn von der verschwindenden Minderheit der unverbesserlichen Kommunisten abgesehen wird.

Außerdem wurden der Kirche – soweit dies überhaupt noch möglich war– die ihr weggenommenen Güter zurückerstattet, und sie erhielt Steuerbefreiung.

In der Verfassung der zweiten Republik war die Freiheit des Gewissens und der Bekenntnisform eines jeden Bürgers nicht nur festgeschrieben, sondern sie wurde in Tat und Wahrheit auch gewährt. Die damals an die Macht gelangende Parteienvereinigung «Runder Tisch freies Georgien» befürwortete das Gewährenlassen ethnischer und religiöser Minderheiten.

Damals schrieb Swiad Gamsachurdia: «In Georgien, als in einem christlich-orthodoxen Land, besteht eine uralte Verbindung zwischen dem Staat und der Kirche. Unvorstellbar ist eine Wiedergeburt dieses Landes ohne moralisch-geistige Neubelebung (...) Unsere Regierung wird darauf hinarbeiten, die althergebrachte Verbindung zwischen weltlicher und geistlicher Führerschaft wieder herzustellen.» (Zitat nach *Sakartwelos Respublica* vom 12. 6. 1991). Weder sollte sich die Kirche in Staatsangelegenheiten noch der Staat in kirchliche Belange einmischen, aber ein freies und enges, freundschaftliches Zusammenarbeiten war das erwünschte Ziel.

Das bedingte nicht nur eine freie Staatsführung, sondern auch eine Kirchenlenkung, die von jeder politischen und aus Privatinteressen herrührenden Beeinflussung befreit worden wäre. Deshalb sprach der Präsident zu den Gläubigen von der Notwendigkeit eines neuen Konzils Ruiss-Urbnissi.

Im Jahre 1103 stand Georgien unter der Herrschaft seines bedeutendsten Königs. Er war nicht nur einer der gebildetsten Menschen seiner Zeit, sondern auch ein gewaltiger Heerführer. Mit seinen erfolgreich geführten Kriegen sicherte er einen für dieses ständig bedrohte Land einzigartigen, etwa hundert Jahre andauernden Frieden. In dieser Periode entstand die bisher unerreichte Blüte des georgischen Geistes. Dieser König trug den Namen David. Und weil er die Menschen in ihren Tugenden erbaute, wurde er David der Erbauer genannt. Er erneuerte die georgische Kirche. Dazu berief er als König und als Priester das Konzil von Ruiss-Urbnissi ein. Hier wurden ihres Amtes unwürdige Bischöfe abgesetzt. Man nannte dieselben «Kwabawasakni» was auf deutsch «Räuber der Eremitenhöhlen» heißt.

Da nun die Kirche nach sieben Jahrzehnten der Kommunistenherrschaft innerlich ausgehöhlt war und Atheisten ihre Leitung innehatten, bestand die Notwendigkeit, sie in einem ähnlichen Geiste wie in Ruiss-Urbnissi wiederum ihrer wahren Bestimmung zurückzugeben.

Immer wieder betonte Swiad Gamsachurdia die ganz besondere Bedeutung des christlichen Lebens in Georgien, indem er die beispiellose Märtyrerschaft, die sich im Laufe der Jahrhunderte immer wieder ereignete, seinen Landsleuten in Erinnerung rief. Auch die Kirche als Trägerin und Hüterin des christlichen Gemeinschaftslebens müsse von Grund auf neu erstehen, wenn sie ihrer Aufgabe im neuen Georgien gerecht werden solle.

Patriarch Ilja II. schien sich solchen Äußerungen gegenüber zunächst loyal zu verhalten. Doch entsprach es seiner ganzen Lebensführung, daß er im Herbst 1991 eindeutig auf seiten der Putschisten stand.

Als die Raketenrohre der bewaffneten Opposition auf den Präsidentenpalast gerichtet wurden, strömten viele Menschen zur Residenz des Patriarchen, um dort die Bitte vorzubringen, alles zu tun, um ein Blutvergießen zwischen Brüdern zu vermeiden. Ilja II. ließ antworten, er habe Fieber und könne deshalb sein Haus nicht verlassen. Als Hauptangriffsort der Angreifer diente die vor dem Regierungsgebäude stehende Georgskirche. Fast alle Raketen wurden aus ihren Fenstern abgefeuert.

Der sich im Gefolge des Präsidenten befindliche Bischof Ambrosius wurde sofort vom Amt suspendiert. Dasselbe geschah den Priestern Hilarion und Romanos, weil sie Gamsachurdia unterstützten.

Als dann Eduard Schewardnadse – wie geplant – wieder nach Georgien heimkehrte, galt sein erster Besuch dem Patriarchen. Die interne Karteikarte dieses Geistlichen kam mit anderen Dokumenten des sowjetischen Geheimdienstes 1992 in die Hände der Internationalen Gesellschaft für Menschenrechte. Sie stammten aus einem in Georgien befindlichen Archiv. Daraus war ersichtlich, daß Ilja II. seit 1962 unter dem Decknamen «Iwerieli» eingetragener Agent des Geheimdienstes war. Solche Karten wurden noch von fünf weiteren Geistlichen vorgelegt.

Diese Dokumente sind vielleicht nur das Tüpfelchen auf das «i». Ihr Gehalt oder ihr historisches Gewicht ergibt sich aus den geschilderten Vorgängen.

8. VON DEN RUSSISCH-GEORGISCHEN BEZIEHUNGEN

Lange bevor in den Weiten des europäischen Ostens sich nach und nach jene Volksstämme herausbildeten oder ansiedelten, die hernach in dem später als Rußland bezeichneten Land vereinigt wurden, gab es das Land Kartli oder Sakartwelo. Es waren seine Mönche, die in der Klostergemeinschaft auf dem Berge Athos ihre russischen Brüder unterrichteten. Daraufhin bildeten sich die russischen Klöster mit ihrer hohen Kultur. Und noch nach Jahrhunderten waltete im Land des Nordens das Wissen von dem in seinem Süden lebenden rechtgläubigen Volk, welches unter dem unmittelbaren Schutz der Muttergottes steht. Die iberische Madonna von Sokolniki – einer der großen Kirchen Moskaus – zeugt davon. Dieses Bild entstand in Iviron. So hieß das georgische Kloster auf dem Berg Athos nach dem alten Namen Sakartwelos, der Iberia lautete.

In einem altslawischen Akafist, einem dieser Ikone gewidmeten Gebet, wird zum Ausdruck gebracht, daß Iberien Eigentum der Muttergottes sei. Auch wird bis heute eines der Kreml-Tore «Iberisches Tor» = «Iwerskije Wrata» genannt.

Über diese Dinge schrieb der 1917 inthronisierte Patriarch Kyrion, der 1918 ermordet wurde, in seinem Werk *Die kulturelle Rolle Iberiens im Leben Rußlands*. Zu dieser Beziehung gehört auch Prinz Wachuschti Bagrationi, ein bedeutender Geograph, der als Mitbegründer

der Moskauer Universität auf der daselbst befindlichen Ehrentafel verzeichnet ist.

Gebildete Russen werden sich auch an Dawid Arsenischwili erinnern, der während der Revolution wertvollste Ikonen aus der Hand Andrej Rubljows und anderer berühmter Maler vor der Vernichtung rettete.

Eigenartigerweise stockt in Rußland seit etwa zwanzig Jahren das Interesse an der georgischen Sprache und Kultur. Im Gegensatz zum Westen, wo an zahlreichen Orten Kartwelologie gelehrt wird, findet sich an russischen Universitäten kaum ein Lehrstuhl in dieser Disziplin, obwohl auf die gründliche Arbeit Aleksandr Zagarelis und Nikolaus Marrs gebaut werden konnte. Marr wurde in den zwanziger und dreißiger Jahren zum führenden Kopf der sowjetischen Humanwissenschaft. Er widmete sich in Leningrad vorzüglich der vergleichenden Sprachwissenschaft. Sein Nachlaß umfaßt 1200 Titel von Büchern und wissenschaftlichen Artikeln. Eine seiner Schülerinnen, Professor A. Freudenberg, schrieb: «Nikolai Jakowlewitsch riet uns allen, die georgische Sprache zu erlernen, deren Bedeutung für die vergleichende Sprachwissenschaft er besonders hervorhob. Für mich wurde der Grund dazu dann später klar.»

Die gründlichen Studien Swiad Gamsachurdias umfaßten die gesamte Tätigkeit Nikolaus Marrs, einschließlich seines Nachlasses. Dabei konnte er nachweisen, daß die Abnahme des Interesses an der Kartwelologie auf die direkte, unwissenschaftliche, weil rein politisch motivierte Intervention Josef Stalins zurückging. Diesem war die durch Marr aufgezeigte hervorragende Bedeutung der Kaukasusregion ein Dorn im Auge. Deshalb griff er Marr in einer Nebensache sehr heftig an, worauf den sowjetischen Wissenschaftsvertretern die Lust verging, sich mit diesem hervorragenden Forscher weiter zu befassen. Es galt ihnen als eine «vaterländische Verpflichtung», die Bedeutungslosigkeit Georgiens hervorzukehren. Swiad Gamsachurdia bemühte sich, Nikolaus Marr zu rehabilitieren, indem er in öffentlichen Vorträgen dessen Ideen zur Linguistik darstellte. Eine ganze Kette verwandter Sprachen zog sich von den Pyrenäen durch den Kaukasus bis nach Indien. In Übereinstimmung mit dem Amerikaner H. Johnston vertrat er die These der Existenz einer baskisch-kaukasisch-drawidischen Sprache, welche in den ersten nachatlantischen Zeiten auf dem europäischen und einem großen Teil des asiatischen Kontinents lebte. Es handelte sich um ein glotogonisches Phänomen der neolithischen Kultur. Nikolaus Marr prägte dafür den Begriff der «japhetischen Sprachen.»

Ein großer Verehrer Nikolaus Marrs war der russische Philosoph und Graecist Professor Alexej Lossjew. Er hatte die Kommentare des georgischen Platonikers Johannes Petrici zu den Werken von Proklus und Aristoteles in russischer Sprache herausgegeben. Petrici war im 12. Jahrhundert Rektor der Akademie von Gelati. – Als Swiad Gamsachurdia in den siebziger Jahren Lossjew, den über achtzigjährigen Nestor der russischen Humanwissenschaften, auf Solowiew ansprach, lächelte der Gelehrte und gab zur Antwort: «Was soll Solowiew, wenn es auf dieser Welt einen

Philosophen wie Johannes Petrici gab?» Und er fügte bei, er sei gestern in Gelati gewesen. «Da wandte ich mich im Gebet an Petrici und sprach: ‹Vater Johannes, bitte Gott für mich.›» – Nun war Professor Lossjew ein bedeutender Solowiewforscher. Das einzige Werk, das in der Sowjetzeit diesem großen Mystiker und Philosophen gewidmet war, stammte aus Lossjews Feder. Und es war mehr als nur ein Austausch von Höflichkeiten, wenn der Georgier das Gespräch mit dem Russen auf Solowiew lenkte und der Russe daraufhin gegenüber dem Georgier seine Verehrung für Petrici kundgab. Es ist im Westen wenig bekannt, daß Petrici – der fließend Griechisch sprechende Mönch – in seinem klaren Denken nur mit Geistern vom Format eines Alain de l'Isle, Albert des Großen oder Thomas von Aquin verglichen werden kann. Swiad Gamsachurdia erwähnte dieses Erlebnis mit Professor Lossjew in einem Vortrag, den er 1990 über die geistigen Ideale der Akademie von Gelati hielt.

***

Nachdem im Jahre 1801 die russische Besetzung Georgiens begann und der Widerstand zwar in manchen Landesteilen bis in die Mitte des Jahrhunderts anhielt, paßten sich viele seiner Bürger der neuen Lage sehr gut an. Sie fühlten sich in Rußland ganz zu Hause und stärkten das russische Imperium.

General Piotr Bagrationi, nach Kutusow der zweithöchste Heerführer der russischen Armee, wurde zum «Helden der Schlacht von Borodino» (1812) erklärt. Er setzte sein ganzes Leben für Rußlands militärische Stärke ein. Es war allgemein bekannt, daß die in den russischen Militärschulen ausgebildeten Georgier sich «plus russe que les russes» verhielten. Deshalb wählte der Zar mit Vorliebe einige seiner Pagen aus georgischen Fürstensöhnen.

In ein weiteres Stadium traten die russisch-georgischen Beziehungen durch den roten Zaren Stalin. Bezeichnenderweise ließ er in seinen Paß eintragen: «Nationalität = georgisch; Muttersprache = Russisch.» Es verletzte die nationalen Gefühle (wir würden heute vielleicht sagen den Rassismus) der Russen, von einem aus den Randgebieten Stammenden verwaltet zu werden. Doch das auszusprechen wagte angesichts seiner Terrormethoden niemand. Sein Ideal war ein den eurasischen Raum umfassendes Großrußland. Dafür setzte er sein innen- und außenpolitisches Wirken ein. Darum wohl sprach er nie vom «russischen Volk»; immer aber vom «großen russischen Volk». Damit meinte er alle seiner Herrschaft unterstellten Völker. Und somit setzte er fort, was Iwan der Schreckliche und Peter der Große erstrebten. Das wurde von vielen Russen positiv gewertet, obwohl sie Stalin persönlich verachteten, weil er von Georgien kam. Sogar Solschenizin weist immer wieder auf Stalins «nichtrussische» Abstammung hin. Er schrieb: «Ihm hat das einfache und kindlich-vertrauensselige russische Volk so sehr gefallen, daß er selber gerne solch ein Russe werden wollte.»

Aus dieser Stimmung entstand auch das Gerücht, Georgien habe eine Vorzugsbehandlung genossen, als das übrige Reich hungerte. In Wirklichkeit litt Georgien nicht weniger unter Stalins Tyrannei. Einen Gipfel erreichte die Hetze in Chruschtschows Entschluß, das ganze georgische Volk in den Ural umzusiedeln.

Der damalige Chef der georgischen kommunistischen Partei erreichte erst nach eindringlichem und buchstäblich kniefälligem Bitten, daß von einer solchen Unmenschlichkeit Abstand genommen wurde.

Gleich wie die vorrevolutionären Herren empfanden die neuen Machthaber des Reiches Georgien als einen besonderen Schmuck. Hier bauten sie ihre Datschen, um daselbst ihre Ferien zu genießen. Hier genossen sie den aromatischen Wein des fruchtbaren Landes. Es war ihnen keineswegs gleichgültig, wer hier regierte. In Frage kam dafür nur, wer sich durch Ergebenheit und Schmeichelei, nicht zuletzt durch kostbare Geschenke auszeichnete.

In Tat und Wahrheit gab es stets einen Regenten, der diese Qualifikationen aufwies. Doch in entscheidenden Augenblicken sah das Volk die Seele seiner Eigenart in dem niemals unterwürfigen, aber auch von niemandem abschätzig redenden Konstantine Gamsachurdia. Er hatte drei Jahre Gulag hinter sich und stand zeitlebens unter dem Druck seiner Gegner. Aber sein kluges, gemäßigtes Verhalten trug ihm in den sechziger Jahren schließlich doch die Anerkennung als der erste Literat Georgiens ein.* Fortan behandelten ihn sogar die Kommunisten als einen der Führenden der georgischen Literatur. Es blieb ihnen nicht erklärlich, wie er die

* Sein bekanntester historischer Roman, *Die rechte Hand des großen Meisters*, erschien 1971 in Ost-Berlin in der Übersetzung von Gertrud Pätsch.

Stalinzeit überlebte, ohne einen ernsthaften Kompromiß einzugehen. Er wurde zu Lebzeiten Legende. Öfters zeigte er sich in den Straßen der Hauptstadt – angetan mit der Tscherkesska – in der ihm eigenen aristokratischen Haltung.

Vor dem ersten Weltkrieg begann er in Deutschland zu studieren. Dank der Protektion durch Thomas Mann und den Berliner Historiker, Chronlogieforscher und Universitätsrektor Eduard Meyer durfte er trotz des Krieges sein Studium weiterführen.

Hier begann seine Goetheforschung, die er in Georgien fortsetzte. In diesem Zusammenhang beeindruckten ihn auch die Vorträge Dr. Rudolf Steiners, die er öfters besuchte.

Zur Zeit der Sowjetisierung Georgiens (1921) weilte er wieder zu Hause. Nach dem Fall der ersten unabhängigen Republik schrieb er einen Brief an Lenin. Darin stellte er die georgische Sowjetisierung als einen Akt der Eroberung dar. Er warnte Lenin vor den georgischen Roger Casements und Mac Swineys*, welche ihr Leben für die Würde ihrer Heimat hingeben würden. Mit diesem Schreiben riskierte auch er sein Leben. Seine Bestrafung bestand dann aber lediglich in seiner öffentlichen Beschimpfung als «bürgerlicher Nationalist und Reaktionär».

Ihm wurde nun vollständig klar, daß eine äußerliche Bekämpfung des Bolschewismus zu einem aus-

* Zwei selbständig handelnde Kämpfer gegen die britische Unterdrückung Irlands. Der Politiker Casement fiel einem Attentat zum Opfer. Mac Swiney, Bürgermeister von Dublin, wurde von britischen Militärorganen erschossen.

sichtslosen Abenteuer wurde. Deshalb sah er seine Hauptaufgabe in der «Rettung der Kultur». 1924 hielt er eine öffentliche Rede, in welcher er den «kulturellen Belagerungszustand» feststellte. Er rief seine Freunde zum geistigen Widerstand und zum inneren Ausharren auf. Als Zeichen seiner Trauer trug er von nun an immer eine schwarze Tscherkesska. Er rief eine «Gesellschaft der christlichen Mystiker» ins Leben und begründete zudem innerhalb des georgischen Schriftstellerverbandes eine «akademische Gruppe». In diesem Verband gab es auch eine «proletkultische Gruppe». Aus deren Reihen wurde der Antrag gestellt, das Bild Tschawtschawadses sei aus diesem Versammlungslokal zu entfernen. Da stand Gamsachurdia auf und stellte sich vor dieses Bild. Er war wie üblich in seine Tscherkesska gekleidet, zu welcher ein Schwert gehörte. Dieses zog er nun und verkündete kurz und bündig, dieses Bild müsse an seinem Platz bleiben. Er werde es jeden büßen lassen, der sich getraue, es anzurühren. Stillschweigend blieb er mit blanker Waffe stehen, bis die Versammlung geendet hatte. Später wurde nicht mehr von diesem Bild gesprochen.

1926 kam es zu seiner Verhaftung. Als Begründung wurde seine gute Beziehung zu dem damals in Tiflis noch bestehenden deutschen Konsulat genannt. Die Anklage lautete auf Spionage. Für drei Jahre schickte man ihn auf die Insel Solowezki im Weißen Meer. An seiner Lebenseinstellung änderte dies nichts. Das Hauptgewicht seines Widerstands lag in seiner schriftstellerischen Tätigkeit.

Nach dem Krieg erschien einmal eine hochrangige Delegation aus Moskau in Tiflis. Gamsachurdia sollte sie empfangen, und er fand sich erwartungsgemäß ein. Und obwohl er perfekt Russisch sprach, verlangte er einen Dolmetscher. Auf die Frage, weshalb er darauf beharre, erklärte er ruhig: «Als ich in Berlin war, sprach ich Deutsch, als ich in Paris war, Französisch, und in London sprach ich Englisch. Es wäre deshalb angezeigt, wenn die verehrten Herrschaften auch ein wenig Georgisch lernen würden, bevor sie nach Tiflis kommen.»

1972 wurde Eduard Schewardnadse erster Sekretär der kommunistischen Partei Georgiens. Für seine Tätigkeit wünschte er sich auch Gamsachurdias Unterstützung. Und eine der ersten Höflichkeitsvisiten galt dem «Kolchischen Turm» – dem schönen Backsteinhaus, in welchem der Dichter lebte. Hier wurde er zu Tisch geladen. Zur Mahlzeit waren neben dem Hausherrn sein Sohn Swiad und der Verfasser dieses Buches anwesend. Der Gastgeber verbreitete eine fröhliche Stimmung, und er verstand es, in humorvoller Art darauf hinzuweisen, wie so manche georgische Fürsten durch ihren Servilismus und ihre Schmeichelei gegenüber ihren russischen Herren einen moralischen Zerfall erlitten, der sich auf das ganze Volk auswirkte. Er – Schewardnadse – müsse das als neuer politischer Führer nach Möglichkeit vermeiden. Dagegen machte der Angesprochene keinen Einwand. Doch er verstand die Bedeutung dieser Warnung sehr gut. Denn der sie aussprach, war Abertausenden von Georgiern die Verkörperung eines besseren Lebens. Was er äußerte, wurde in hoher Achtung von Mund zu Mund weitergetragen.

Drei Jahre später war auch Schewardnadse Zeuge dieser Volkstümlichkeit, als für Konstantine Gamsachurdia ein Staatsbegräbnis durchgeführt wurde. Der riesige Leninplatz und der ganze einen Kilometer lange Rustaweli-Prospekt waren von Trauernden übervoll. Zum Schreck des KGB brachte ein unbekannter Kirchendiener die sonst verbotenen Glocken der Sankt-Georgs-Kirche zum Erklingen. Ihre Töne gingen den Menschen zu Herzen. Da eilten einige junge Männer zu dem von einem Auto gezogenen Sarg und schulterten ihn nach altem Brauch bis zum Grab, das im Garten des Kolchischen Turms bereitet war.

Für Schewardnadse stand die Parteikarriere höher als seine Liebe zu den seiner Regierung anvertrauten Menschen, weil er wie die meisten Provinzhäuptlinge von der Mitgliedschaft im Politbüro des Kremls träumte. So wird es denn verständlich, daß er ein Jahr nach dem Hinschied seines Mentors in Moskau an einer großen Parteiversammlung, nur um dem anwesenden Leonid Breschnew zu gefallen, sich zu dem Satz verstieg: «Georgiens Sonne geht im Norden auf – die Sonne der Ideen Lenins.» Und als hernach Breschnew zu Besuch nach Tiflis reiste, organisierte er eine Feier, die alles übertrumpfte, was in Sowjetrepubliken jemals zustande gekommen war. Lautsprecher brüllten aus allen Ecken Lob und Preis des Ehrengastes. Er wurde als ein weiser Staatsmann, als Friedensbringer und genialer Schriftsteller gefeiert. Eine ähnliche Geschmacklosigkeit leistete sich Schewardnadse mit einer riesigen Feier zum zweihundertjährigen Jubiläum des russisch-georgischen Vertrags von Georgiewsk vom Jahre 1783. Diesen Vertrag brach Rußland, indem es 1801 Georgien annektierte.

Eduard Schewardnadse änderte sich nicht, als er Außenminister wurde. Er war und blieb ein Diener des russischen Imperialismus, selbst nach dem Zusammenbruch des Sowjetreiches. Zwar machte er gezwungenermaßen gute Miene zur nicht abwendbaren Befreiung des Baltikums und Ostdeutschlands, tat aber alles in seiner Macht Stehende, um sämtliche übrigen ehemaligen Sowjetstaaten der russischen Einflußzone zu erhalten.

Als er nach dem Moskauer Putsch 1991 gleich wie Gorbatschow wieder in sein Amt zurückkehrte, wurde er gefragt, weshalb er dies getan habe. Die Antwort war: «Weil wir unser sowjetisches Vaterland retten müssen.»

Besondere Schatten auf die russisch-georgischen Beziehungen warfen die sogenannten ethnischen Konflikte auf dem Territorium Georgiens, die nun näher zu betrachten sein werden.

9. DER KONFLIKT IN SCHIDA-KARTLI (SÜDOSSETIEN)

Unter dem neu erfundenen Namen "Südossetien» wurde Schida-Kartli 1924 zu einem autonomen Gebiet erklärt. Zwar lebten in diesem überwiegend von Georgiern bewohnten Gebiet auch einige Osseten, die aus ihrem jenseits des Kaukasus liegenden Vaterland in den Süden gezogen waren, von dem es aber durch die natürliche Grenze des Gebirges völlig abgeschnitten ist. Das wäre ohne politische Hintergedanken aber kein Motiv gewesen, das ehedem «Schida-Kartli» (Inner-Kartli) oder «Samatschablo» (das im Besitz des Großfürsten Matschabeli war) nun «Südossetien» zu benennen. Aber schon zur Zeit der Menschewikenrepublik wurden die dort lebenden Osseten zu bolschewistischen Protestaufständen gegen die georgische Unabhängigkeit aufgereizt, was nun als Vorwand für diese Autonomieerklärung diente. Es war der Dank für die zuvor mit den Unruhen den Sowjets geleisteten Dienste. Die in Schida-Kartli lebenden Osseten hatten nie unter irgendeiner Diskriminierung zu leiden. Sie zogen seit den zwanziger Jahren gerne in dieses Gebiet, so daß sie 1988 68% der Bevölkerung ausmachten, die Georgier dagegen fast nur noch ein Viertel (26%). Die restlichen 6% bestanden aus anderen Nationalitäten. Daß die Osseten offenbar lieber in Georgien daheim waren, mag auch daran gelegen haben, daß Nordossetien fast ganz russifiziert war, daß aber südlich des Kaukasus Schulen, Verlage und Theater in ossetischer Sprache erlaubt und in keiner Art und Weise einem Druck nach Anpassung ausgesetzt waren. Außerdem besaßen die Südosseten die ganz normale sowjetische Staatsbürgerschaft, welche ihnen in der ganzen Union Wohn- und Arbeitsbewilligung gewährleistete. Dabei integrierten sie sich in Georgien sehr gut, und es gab keinen sachlichen Grund, diese guten Beziehungen, die von georgischer Seite ungetrübt waren, abzubrechen.

Nun ereignete sich das Schwerverständliche, daß in einer Zeit, in welcher die Sowjetunion sich einer Erneuerung zuwandte, wo die Stalindenkmäler schon lange verschwunden waren und der Abtransport auch der Leninmonumente schon in Aussicht stand, in Südossetien eine Art von Sowjetomanie ausbrach. Die erwähnten Denkmäler wurden nun streng bewacht, ossetische «Nationalisten» marschierten – rote Fahnen mit dem Sowjetstern schwingend – durch die Straßen der Hauptstadt Zchinwali und verlangten die «Vereinigung beider Ossetien» unter dem uralten Namen «Alanien», und zwar «im Rahmen Rußlands».

Als im Herbst 1989 dort lebende Georgier dagegen protestierten, erschienen Streitkräfte des Moskauer Innenministeriums. Sie hielten seither diese Georgier in Schach.

Nach Swiad Gamsachurdias Wahlsieg erklärten die Südosseten sofort ihre Unabhängigkeit von Georgien und forderten die bereits genannte Vereinigung mit Rußland. Darauf hob das neue georgische Parlament die südossetische Autonomie auf und erklärte den Loslösungsbeschluß der Osseten für ungültig. Nun begannen diese Osseten, georgische Dörfer inner- und außerhalb Ossetiens zu bombardieren. Bereits kamen die ersten Flüchtlinge nach Gori und sogar nach Tiflis.

Da kam es zu einem Telefongespräch, das diese sonst unverständlichen Vorgänge erklärt. Es wurde im deutschen Nachrichtenmagazin *Der Spiegel* am 11. März 1991 abgedruckt. Das Gespräch fand am 25. Februar, am 70. Jahrestag des Einmarsches der Truppen Stalins in Georgien, statt. Swiad Gamsachurdia erzählte, daß Michail Sergejewitsch Gorbatschow ihn zu sprechen wünschte. Der Kremlgewaltige begann seine Reden mit der Frage nach dem Befinden seines Gesprächspartners. Am Tage zuvor waren in Südossetien sieben Georgier ermordet worden. Nun sagte Gorbatschow, er wolle an Gamsachurdias Stimme seine Gemütslage erkennen. Der Angesprochene erwiderte frei, er sei in der Stimmung eines Mannes, der soeben sieben nahe Verwandte verloren hat. Darauf fragte Gorbatschow: «Und Sie wollen nach wie vor den Unionsvertrag nicht unterzeichnen?» Ich: «Das ist nicht nur meine Haltung, sondern die meines Volkes.» Gorbatschow: «Wissen Sie, daß Abchasen und Osseten den Vertrag unterzeichnen und sich am Unionsreferendum beteiligen wollen?» Ich: «Das sind 140 000 Menschen. Aber in Georgien leben 5 Millionen.» – Da gab es eine längere Pause. Danach fuhr Gorbatschow weiter: «Überlegen Sie sich die Unterzeichnung des Unionsvertrags gründlich.» Ich: «Das kommt für uns nicht in Frage.» Gorbatschow: «Dann machen Sie sich auf große Schwierigkeiten in Südossetien und in Abchasien gefaßt.»

Bald nach diesem Telefongespräch kam es im georgischen Bergkurort Kasbegi – nahe der russischen

Grenze – zu einer Begegnung Gamsachurdias mit dem gewählten Präsidenten der russischen Föderation, Boris Jelzin. Bei dieser Gelegenheit anerkannte Jelzin in einer von beiden Staatsmännern unterzeichneten Resolution Südossetien als ein von Georgien unabtrennbares Gebiet. Zudem verpflichtete er sich den Nord- und Südossetien verbindenden Tunnel für Freischärler zu sperren und nur den Zivilverkehr und Hilfsgüter durchzulassen. Auch wurde die Ersetzung der Spezialeinheiten des Innenministeriums durch Moskauer Kriminalpolizisten zugesagt.

Nach diesem Treffen durfte die georgische Bevölkerung Schida-Kartlis für einige Monate aufatmen. Doch mit dem Beginn der Angriffe gegen die Regierung Gamsachurdia im September waren sie erneut den heftigsten Angriffen ausgesetzt. – Der Gamsachurdia im Grunde wohlgewogene Jelzin wurde durch ein Komplott seiner «Berater» verhindert, dem böswillig Angegriffenen in irgendeiner Weise beizustehen. Mehrere Versuche, Jelzin auf seiner direkten Linie anzurufen, scheiterten: fremde Stimmen meldeten sich. Der Präsident – hieß es – sei «nicht zu sprechen».

Nach dem Putsch gegen die legitime georgische Regierung in Tiflis wurden die noch in Schida-Kartli verbliebenen Georgier aus ihrer Heimat vertrieben. Es wurden 20 000 Flüchtlinge gezählt. Darüber hinaus flohen mehrere tausend Osseten, die sich gegen die Abtrennung geäußert hatten und deshalb Repressalien ausgesetzt waren, in die russische Föderation.

Nachdem Schewardnadse in Georgien die Macht ergriffen hatte, tat er so, als ob er seine Nationalgardisten «für Georgien» einsetzen würde, und er ließ sie die Stadt Zchinwali belagern. Dabei passierte es, daß ein mit Frauen und Kindern beladener Bus beschossen wurde, wobei alle Insassen umkamen. Nun vereinbarte er mit Präsident Jelzin in der Stadt Dagomis am 24. 6. 1992 die Aufstellung einer aus russischen, ossetischen und georgischen Soldaten zusammengesetzten Ordnungstruppe, angeblich um die Heimkehr der georgischen Flüchtlinge zu überwachen. Doch zog er seine Gardisten bald ab, und die Flüchtlinge blieben bis heute zumeist in der Gegend von Gori und in Tiflis.

Nun wurde das «gesäuberte» Südossetien mit einer Grenzüberwachung versehen, welche heimkehrenden Flüchtlingen die Einreise verwehrt. Und alles, was an die alte Verbindung mit Georgien erinnerte, wurde aus dem nun russisch gewordenen Gebiet entfernt.

10. DER KONFLIKT IN ABCHASIEN

Kompliziert lag die Sache in Abchasien. Schon 1920 bewogen sowjetrussische Agenten die Abchasen zu einem Aufstand, in welchem sie die Sowjets um Unterstützung baten. Und diese Hilfe blieb nicht aus. Obwohl die Menschewiken den Abchasiern eine beschränkte Autonomie gewährten, behauptete die sowjetische Propaganda ein unabhängiges Georgien bedeute für Abchasien «eine Bedrohung». Wie stand es damit? Damals existierte in Suchumi ein von einem progeorgischen Fürsten präsidierter «Volksrat». Der gesamte abchasische Adel empfand sich als «georgisch». Das änderte sich nach der Vertreibung der Menschewiken aus Georgien. Nun entstand eine «Sowjetrepublik Abchasien», die der neuen «Sowjetrepublik Georgien» gleichgestellt war. Sowjetischer Willkür entsprach es aber, die seit alter Zeit zu Georgien gehörende Provinz Abchasiens 1931 zur «autonomen Republik innerhalb Georgiens» zu erklären. Doch alle lokalen Verwaltungsfragen froren unter Stalins Herrschaft ein. Nationalisten irgendwelcher Art wurden eliminiert.

So erging es dem alten Revolutionsgefährten des Diktators, der bis 1935 in Abchasien als Parteisekretär waltete, Nestor Lakoba. Im Sommer des genannten Jahres geruhte der «Vater der Völker», sich im Badeort Suchumi zu erholen. Und er zeigte Lust zu einer Motorbootfahrt. Von Beria und Lakoba begleitet, befand er sich schon recht weit von der Küste entfernt, als ein kleineres Schnellboot heransauste und nach der Abgabe einer Feuersalve auf das Vergnügungsschiff wieder verschwand. Stalin zeigte sich zornig. Sofort beschuldigte er Lakoba der Planung dieses frechen Angriffs. Einige Tage nach diesem Vorfall wurde Lakoba nach Tiflis gerufen. Bald darauf kam die Nachricht, der bis dahin sehr gesunde Mann sei dort einer Herzkrise erlegen.

Nach und nach ließ Stalin auch alle georgischen Nationalbolschewiken umbringen. Somit widerlegte er durch seine Missetaten die in Rußland oft erhobene Behauptung, er bevorzuge sein Herkunftsland. Für ihn galt nur die Liebe zu jenem Vaterland, als das er das ganze Sowjetimperium ansah.

Erst in Breschnews Zeit tauchten die alten Spannungen wieder langsam auf. Da begannen die in der abchasischen Verwaltung führenden Kommunisten der Linie Lenin–Lakoba, die dort lebenden Georgier zu diffamieren. Sie gaben den alten Animositäten neue Nahrung, indem sie die Dummheiten der Menschewiken auf das Verhalten aller Georgier bezogen.

Obwohl dies keineswegs den Tatsachen entsprach, trugen solche Behauptungen doch zum Erzeugen von Spannungen bei. Damals lebten in Abchasien bei einer Gesamtbevölkerung von gut einer Million Menschen 19% Abchasen, 44% Georgier und 36% Russen, Armenier, Griechen und andere. Doch die wichtigsten Ämter wurden zu 80% von Abchasen verwaltet. Das wurde von der georgischen Bevölkerungsmehrheit schmerzlich empfunden. Ein Recht zur Stellungnahme war ihr aber nicht gegeben. Die Besetzung der Ämter erfolgte auf dem Dienstweg: Moskau – Tiflis – Suchumi. Eduard

Schewardnadse, bald schon Parteichef Georgiens, verstand er ausgezeichnet, sich nach jedem neuen Wind aus Moskau zu drehen, indem er insbesondere auch dem damals den Abchasienkonflikt vorbereitenden, im Politbüro einsitzenden Parteiideologen und Georgierhasser Michail Suslow zu Diensten stand.

Man fälschte geflissentlich auch die Geschichte. Es wurde nun gelehrt, Abchasien sei im Mittelalter ein selbständiges Königreich gewesen, welches von Georgien als Kolonialbesitz angesehen und ausgebeutet worden sei. In Wirklichkeit kam die Idee eines vereinigten Georgien im 9. Jahrhundert von Abchasien aus. Seither regierten die Bagratiden als «Könige der Abchasen und Kartwelen». Selbst in der Zeit der Zersplitterung des Landes in mehrere Königreiche und Fürstentümer blieb Abchasien ein Bestandteil Georgiens. Bis 1917 war hier das Georgische die Kultursprache.

Das dem Georgischen linguistisch verwandte Idiom der abchasischen Umgangs- und Volkssprache sollte nach der Sowjetisierung zur Kultursprache verwandelt werden. Zunächst wurde sie mit georgischen Lettern geschrieben, nach dem zweiten Weltkrieg in kyrillischen. Das geschah, um Abchasien von Georgien loszutrennen und es mit Rußland zu vereinigen. Das zynische Motto dafür lautete: «Lieber in einem Ozean ertrinken als in einem Teich.»

Selbstverständlich kamen dazu all die Erleichterungen, die im Sowjetsystem dem die russische Sprache Beherrschenden das Benützen des Russischen nahelegten. So war es denn kein Wunder, wenn in den von ihrer angestammten georgischen Kultur abgetrennten Randgebieten das Russische allmählich zur allgemeinen Umgangs-, Schrift- und Lehrsprache wurde. Es wurde zu einem klaren Rückschlag für die georgische Kulturpflege, der allerdings die Tiefen der Seelen dennoch nicht ergriff, wie es sich später in der Sympathie des Großteils der abchasischen Bevölkerung aller ihrer Teile zu Swiad Gamsachurdia erweisen sollte.

Nach dem Tode Suslows und Breschnews beruhigte sich die Lage in Abchasien, bis sie mit dem Beginn der georgischen Befreiungsbewegung neu angefacht wurde. Einen vorläufigen Höhepunkt fand die Sezessionsbewegung in der schon erwähnten Resolution von Lichni – einem kleinen Dörflein –, in welchem 1988 die Abtrennung des Landes von Georgien und seine Angliederung an Rußland gefordert wurde. Im folgenden Jahr kam es zum ersten Zusammenstoß zwischen Abchasen und Georgiern. In Suchumi wurde eine georgische Kundgebung gestört. Dabei kam es zu Tätlichkeiten, die etwa zwanzig Menschen das Leben kosteten. Erschrocken und erregt von dieser Nachricht, ergoß sich eine ohne Absprache aufbrechende Volkswelle, bewaffnet mit dem, was gerade zur Hand war: mit Sensen, Mistgabeln und einigen Maschinengewehren aus dem rein georgischen Ostabchasien und aus Megrelien Richtung Suchumi. Und da ereignete sich etwas, was Augenzeugen als ein regelrechtes Wunder bezeichneten. Da erschienen ganz ohne Anhang zwei mutige Menschen, welche sich dem nahenden wilden Zug entgegenstellten. Es waren Swiad Gamsachurdia und Merab Kostawa. Es gelang ihnen, die aufgebrachten Menschen zu beschwichtigen, die Wütenden zur Vernunft zu bringen, so daß sie ruhig in ihre Heimstätten zurückzogen. Damit war der mit Absicht geschürte Konflikt für dieses Mal gelöst.

In der Zeit der zweiten Republik war es in Abchasien mehr oder weniger ruhig. Wladislaw Ardsinba, der Vorsitzende des obersten Sowjets Abchasiens, verzichtete im Hinblick auf die Popularität, welche Gamsachurdia auch bei den Abchasen genoß, auf sezessionistische Vorstöße. Dazu kam der versöhnende Vorschlag des Präsidenten, der in einem Gesetz für die Parlamentswahlen bestand. In der Tat gab es nur etwa 18% Abchasier. Diesen wurden nun 51% der Stimmanteile gesetzlich zugesichert. Der die Volksmehrheit bildende Rest mußte sich mit 49% begnügen. Dazu kam, daß dem gesamtgeorgischen Präsidenten, der im abchasischen Parlament sonst nichts zu sagen hatte, ein verbrieftes Vetorecht eingeräumt wurde gegen Beschlüsse, welche das Territorium Georgiens verletzen würden. Damit konnten alle Beteiligten einverstanden sein. Denn es wurde als gerecht empfunden, weil es Frieden brachte. Diese Mehrheit hatte ja von dieser Minderheit nichts zu fürchten. Die zum Aufstand gegen Gamsachurdia hetzenden Politiker und Journalisten sprachen von einem «faschistischen Manöver».

Sobald er dazu Gelegenheit hatte, ließ der Militärrat dieses Wahlgesetz aufheben. Daraufhin erklärte der bei diesen Parlamentswahlen ehrenvoll bestätigte Ardsinba, er wisse nun nicht, mit wem er es zu tun habe, seitdem die legitime Regierung verschwunden sei. Zwei Wochen danach hob er eigenmächtig dieses Gesetz ebenfalls auf. Damit schuf er die dann zum Krieg führenden Voraussetzungen. Inzwischen hielten die abchasischen Georgier fast in Permanenz die Wiedereinsetzung der legitimen Regierung fordernde Kundgebungen ab. Sie wurden nicht gestört, und es nahmen an ihnen auch Abchasier teil.

So wurde Suchumi zum Zentrum des Widerstands gegen die Tifliser Usurpatoren. Hier wurden sogar oppositionelle Zeitungen gedruckt.

Ein eher unbedeutender Vorfall wurde von Tiflis zum Vorwand genommen, den Krieg gegen Abchasien auszulösen. Der Innenminister georgischer Abstammung wurde von abchasischen Demonstranten verprügelt. Es war eine plumpe Provokation, die friedlich hätte beigelegt werden können. Aber Schewardnadse benützte sie als Casus belli. Denn er wollte das Widerstandsnest Suchumi zerstören. In einem Zeitungsinterview, abgedruckt am 29. 8. 1992 in der *Zeit*, erklärte er, ein Krieg sei das kleinere Übel als endlose Verhandlungen und nutzlose Konzessionen.

Am 14. August 1992 überschritten die Truppen Kitowanis und Josselianis die abchasischen Grenzen und besetzten Suchumi. Es gelang ihnen, das abchasische Parlament und die Regierung zu spalten. Präsident Ardsinba und seine Abchasier flohen in die provisorische Residenz Gudauta. Die überrumpelten Georgier verbanden sich mit den gewaltsam eindringenden georgischen Truppen. Deren Proteste gegen Schewardnadse waren – wie es schien – plötzlich vergessen. Der Krieg ging mit wechselndem Erfolg weiter, bis den Abchasen die unerwartete Eroberung Gagras gelingen sollte. Ohne der dubiosen Urheberschaft hier nachgehen zu wollen, sei einfach festgestellt, daß den georgischen Verteidigern dieser Stadt aus Tiflis anstatt Munition verdorbene Lebensmittelkonserven geliefert wurden. Damit wurde ihr Ausharren illusorisch. Ihnen blieb die Wahl zwischen sicherem Tod und Flucht. Eine erste, unorganisierte Flüchtlingswelle bewegte sich auf Georgien zu.

Ein georgischer Kommandant in Gagra, Colonel Marinaschwili, wußte als Mitbeteiligter über die verräterische Rolle der Tifliser Regierung genau Bescheid. Er wurde kurz nach dem Fall Gagras in Tiflis in seinem Auto ermordet aufgefunden.

Und nun erhielten die Abchasen russische Militärhilfe. Mit ihr bombardierten sie Suchumi. Dazu kam die Unterstützung nordkaukasischer Freischärler. Dennoch dauerte es etwa ein Jahr, bis Suchumi seinen Widerstand aufgeben mußte. Seine Preisgabe wurde unumgänglich, nachdem auf persönliche Anweisung Schewardnadses alle schweren Waffen aus Abchasien abgezogen worden waren. Der diesen Befehl Erteilende, der ganz gut wußte, welche Konsequenzen damit verbunden waren, klagte nun die Russen an, weil sie ihr Versprechen, den abchasischen Angriff aufzuhalten, nicht einhielten. Das war genau so verlogen wie seine Beteuerung vom «vaterländischen» Charakter dieses Feldzugs. Mit Suchumis Fall war der Ausgang des Krieges besiegelt. Eines Krieges, in welchem Zehntausende von Menschen umkamen und mindestens zweihunderttausend aus ihren bäuerlichen Anwesen vertrieben wurden. Ganz wenigen gelang es, an den angestammten Orten auszuharren. Und nur für einen sehr kleinen Bruchteil der

Vertriebenen ist an eine Rückkehr zu denken; für jene, welche die rein georgisch besiedelten Grenzgebiete Südostabchasiens bewohnten. Die verlassenen Wohnstätten der Mehrzahl der andern Flüchtlinge wurden entweder verbrannt oder unverzüglich neu bezogen. Die Kampfschäden im beliebten Feriengebiet erreichten unerhörte Summen.

Schewardnadse spielte damit den Russen ganz offensichtlich in die Hand. Sie versorgten als «Friedensbringer» vorerst beide Kampfparteien mit Waffen. Ihr Nutzen ist leicht abzuschätzen: mit der Vertreibung der Georgier fiel die ganze Macht den Russen zu. Ihnen ging mit dem Verlust der Halbinsel Krim der militärisch wichtige Anstoß an das Schwarze Meer verloren. Die Ukraine beanspruchte ihn. Sie ist der einzige Staat der GUS, der imstande ist, sich gegenüber Rußland militärisch zu behaupten. Deshalb ist den Russen – ganz abgesehen von der Annehmlichkeit ihrer Feriendatschen – die nach dem Beitritt Georgiens zur GUS ihrer Kontrolle unterliegende, 270 km lange abchasisch-georgische Küste von erheblicher Bedeutung. Das Benehmen Schewardnadses war gleich wie beim ossetischen Konflikt. Er versuchte sich dabei ständig als Verfechter georgischer Interessen darzustellen. Darum ließ er sich mit 67 Jahren von Ilja II. auf den Namen Giorgi taufen und ließ sich am Fernsehen gern im Tarnanzug in der Schußlinie zeigen.

In martialischen Tönen rief er zur «Verteidigung des georgischen Territoriums» auf und führte in derselben Zeit an «trilateralen Treffen» als selbsternannter Vertreter Georgiens in Sotschi und in Moskau mit Russen und Abchasen verräterische Verhandlungen. Die in Tiflis erscheinende Wochenschrift *Schwidi Dge* («Sieben Tage») hielt im April 1994 die drei wichtigsten Daten fest. (Zur Strafe für solches Nachrichtgeben wurden die Räume dieses Blattes bereits mehrfach von Mchedrionis überfallen.) Am 3. 9. 1992 vereinbarte Schewardnadse in Moskau die Preisgabe der Stadt Gagra; am 27. 7. 93 in Sotschi die Preisgabe von Suchumi; am 4. 4. 94 wurde schließlich ganz Abchasien aus der mehr als ein Jahrtausend bestehenden Verbindung mit Georgien vertraglich herausgelöst.

Das Elend der Flüchtlinge dauert weiterhin an. Die Abchasen stellen eine für die Vereinten Nationen unannehmbare Bedingung für ihre Heimkehr, daß nämlich Tiflis Abchasien als unabhängigen Staat anerkenne. Sie fordern den «Status» jener Sowjetrepublik, den sie von 1921 bis 1931 besaßen. Die pro forma im Dienst dieser UNO stehenden russischen «Blauhelme» beschützen angeblich die von den Regierungen in Moskau und in Tiflis zu ihrer Heimkehr aufgeforderten Flüchtlinge. Tatsache ist, daß die abchasische Regierung mit der geheimen Unterstützung Moskaus diese Heimkehr verunmöglicht. Es waren ja auch dieselben Russen, die sie in die Flucht trieben, die nun in UNO-Dekoration das Gegenteil tun von demjenigen, was sie zu tun vorgeben.

Man muß sich darüber klar sein, was das bedeutet. Es werden hier – gleich wie auch in Schida-Kartli – nicht Eroberer fortgeschickt, sondern altangestammte Einheimische. Das einzige Motiv dazu liegt im russischen Imperialismus, der von allen Großmächten – flügellahmer Proteste zum Trotz – geduldet wird. So wurden auch das deutsche Breslau und das deutsche Danzig ihrer Aufbauer und Pfleger von denjenigen beraubt, die Opfer einer deutscherseits nicht minder grausamen undeutschen Machtpolitik waren. Auch dieses Gebaren unterlag allzulange dem «Appeasement». In denselben Zusammenhang gehört auch die Tibetpolitik Chinas.

Was gegenwärtig im Kaukasus geschieht, ist ein neuer Versuch, die kulturelle Einheit dieses Gebietes zu zerstören. Das war zuvor weder den Ottomanen noch den Zaren und ihren bolschewistischen Nachfolgern gelungen. Nach Schewardnadses kriegerischem Schachzug folgte die Bemühung, durch Schilderungen «georgischer Aggressivität und ihres Chauvinismus» zwischen die Abchasen und die sie unterstützenden Nordkaukasier und die Georgier einen Keil zu treiben, der diese Völker quasi «freiwillig» in die Arme des großen Bruders führt.

Die folgende Betrachtung ist, im Gegensatz zu solchem Bemühen, dem überwiegend Gemeinsamen dieser Nachbarn gewidmet.

11. RUNDER TISCH KAUKASISCHES HAUS

1852 überreichte das britische Komitee der Solidarität mit den kaukasischen Völkern dem *Imam Schamil,* der inmitten seiner Verteidigungskämpfe gegen die seit mehr als zwei Jahrzehnte ihn angreifenden russischen Heere stand, eine prachtvolle Standarte. Ihr Symbol waren drei Sterne. Dieselben – so erklärten die als Delegierte beauftragten britischen Offiziere – seien Sinnbilder für Dagestan, Tscherkessien und Georgien.

Es ist den heutigen Historikern nicht bekannt, wie sich Schamil zu diesem Geschenk geäußert hat. Hingegen betrachtete er die Georgier als seine natürlichen Verbündeten, und er wurde nicht müde, dies in den schon erwähnten Briefen den gegen ihn auf seiten der Russen kämpfenden Kartwelen hervorzuheben. Tatsächlich wäre ohne die georgische Unterstützung der Russen der Kaukasus zu einer uneinnehmbaren Festung geworden. Das hätte den Engländern natürlich gut gepaßt. Doch erreichten sie dieses Ziel nicht. Im Gegenteil: Tiflis wurde zum wichtigen russischen Stützpunkt.

Erst ein halbes Jahrhundert danach wagte es Ilja Tschawtschawadse, dieses Verhalten seiner Vorfahren zu kritisieren. Was die zumeist treffliche Spürnase der Erbauer des britischen Weltreiches als lebensfähiges Staatsgebilde erkannte, wurde ihm das Ideal des einigen Kaukasus. Seine bange Frage danach formte er in die Zeilen:

«Wann werden jene Stämme des himmelhohen, mächtigen Kaukasus
durch eine Meinung, einen Gedanken emporgehoben?»

Als dann die Menschewiken widerwillig eine eigene Republik bildeten, kam es ihnen nicht in den Sinn, den Kaukasus in ihr unabhängiges Territorium miteinzubeziehen. Ihr abstraktes politisches Denken besaß für einen so naheliegenden Gedanken nicht einmal ein Konzept. Anders die sowjetischen Pragmatiker, die es verstanden, sich jedes einzelne kaukasische Land gefügig zu machen und damit ihr Zusammengehen, wie es der Veranlagung entsprochen hätte, zu verhindern.

Als Präsident Gamsachurdia 1991 die Unabhängigkeitserklärung Tschetscheniens anerkannte, hob er dieses Problem erneut ins Bewußtsein der Georgier. Deshalb löste dieser Schritt bei seinen der Moskauer Politik näher stehenden Opponenten die schärfste Reaktion aus. Nicht lange danach landeten russische Truppentransporter mehrere tausend Mann bestens ausgebildeter Spezialeinheiten auf dem Flughafen von Grosny. Sie wurden – und das unterstreicht die Bedeutung, welche dem Unternehmen beigemessen wurde – von Vizepräsident Ruzkoy persönlich angeführt. Ihr erklärtes Ziel war es, den unbotmäßigen Fliegergeneral, der sich, von einem Rebellenparlament befugt, vom ganzen tschetschenischen Volk zum Präsidenten hatte wählen lassen, samt seinen Parlamentariern zu stürzen. Aber dieser war auf der Hut. In kurzer Zeit sahen sich die ungebetenen Ankömmlinge von der stark bewaffneten tschetschenischen Nationalgarde eingeschlossen. Sie hatten die Wahl zwischen einem ihre schimpfliche

Niederlage bedeutenden Blutbad oder einem geordneten Rückzug. Und sie zogen sich zurück.

Nach seinem Sturz fand Präsident Gamsachurdia in Tschetschenien Zuflucht. Hier erwogen die beiden Präsidenten Dschochar Dudajew und Swiad Gamsachurdia die offene Frage der Zukunft des gesamten Kaukasusgebietes. Und sie gelangten zu einer Zielvorstellung, welche, alle ihnen gut bekannten Faktoren berücksichtigend, in der am 5. September 1992 erfolgten Gründung einer Vereinigung sich im praktischen Leben bewähren sollte: im «Runden Tisch kaukasisches Haus».

Zunächst schloß sich ihnen der bald hernach entmachtete aserbeidschanische Präsident Eltschibey an. Die Armenier waren zurückhaltender. Sie entsandten Vertreter ihrer «grünen Partei» als Beobachter. Als das Schlußdokument verlesen wurde, waren auch auf eigene Initiative hergereiste Vertreter der weiteren Völker des Kaukasus anwesend. Und fast alle Zeugen dieses historischen Aktes bekundeten ihren aufrichtigen Beifall.

Folgendes ist der Wortlaut dieses Communiqués:

«Wir, die Mitglieder des ‹Runden Tisches kaukasisches Haus›, die sich mit dem Ziel der Vereinigung der Völker der kaukasischen Staaten versammelt haben, sind im Folgenden übereingekommen:

1. Wir wenden uns an die Völker, Staaten, öffentlichen und religiösen Vereinigungen und Organisationen, an die politischen Parteien und Bewegungen des Kaukasus mit dem Aufruf zur größtmöglichen Unterstützung der Gründung des ‹Kaukasischen Hauses›, in welchem jedem einzelnen Volk Sicherheit und

Möglichkeit der freien Entwicklung gewährleistet sein soll.

2. Wir rufen die Konfliktländer des kaukasischen Territoriums zum Abbruch jeglicher Kriegstätigkeit und zur Lösung der Streitfragen auf friedlichem Wege auf.

3. Wir mißbilligen die bewaffneten Staatsstreiche und verbrecherischen Tätigkeiten, die vom sogenannten ‹Staatsrat› Georgiens unter der Führung Schewardnadses und von der Spitze der Russischen Föderation gegen die georgischen und abchasischen Völker verübt werden; ebenso mißbilligen wir und verurteilen wir die Versuche zur Durchführung verfassungswidriger Wahlen. Wir fordern die unverzügliche Wiedereinführung der konstitutionellen Macht Georgiens und den Rückzug der Straftruppen aus abchasischem Gebiet.

4. Wir bilden eine Gruppe von Juristen zur Untersuchung und Verfolgung der Verbrechen, die gegen die Völker des Kaukasus verübt worden sind.

5. Wir wenden uns an das russische Volk mit dem Aufruf, die Bestrebungen der Völker des Kaukasus zu unterstützen, die ein friedliches und gut nachbarliches Zusammenleben aller Völker zum Ziel haben.

6. Wir fordern von der russischen Regierung die gerechte Verteilung der durch die betreffenden Völker erarbeiteten Güter der ehemaligen Sowjetunion (darunter auch militärische Ausrüstung samt Waffen) an die Autoritäten der kaukasischen Völker.

7. Wir bilden Arbeitsgruppen zur Vorbereitung der praktischen Verwirklichung der Ziele dieses Schlußdokumentes, deren Resultat allen Mitgliedern und Teilnehmerdelegationen des ‹Runden Tisches kauka-

sisches Haus› zur Begutachtung vorgelegt werden. Wir rechnen auf unbedingte Teilnahme aller interessierten Länder.»

Das wurde zum Abschluß der Beratungen vom 4./5. September 1992 in Grosny bekundet.

Den unmittelbaren Anstoß zu dieser Gründung gab der tiefe Wunsch der Initianten, die Region vor den ihr drohenden großen Gefahren zu retten. Den sich als Friedensbringer ausgebenden russischen Waffenlieferanten sollte endlich Einhalt geboten werden. Die verheerenden Bruderkriege sollten aufhören. Zu ihren unmittelbaren Folgen gehörte das Lahmlegen der gesamten Wirtschaft. Durch Kampfhandlungen und Nichtbewirtschaftung wurde das ökologische Gleichgewicht vieler alpiner Regionen gestört. Eine in Amerika ausgearbeitete Studie kommt zum Schluß, daß in der Kaukasusregion pro Kopf der Bevölkerung mehr Waffen liegen als sonst irgendwo in der Welt. Selbst wenn es noch andere ebenso stark mit Waffen versehene Gebiete gäbe, sprechen die mehr als tausend paramilitärischen Verbände, welche hier zu zählen sind, von der akuten Gefahr. Die bekanntesten dieser Truppen sind die «Vereinigung der Donkosaken», die sich als «Grenzschützer Rußlands» verstehen. Sie griffen auch im Abchasienkrieg ein. Sie gehören nur zum Teil zu den Kaukasiern. Eine rein kaukasische Formation bilden die Kämpfer der «Konföderation der bergkaukasischen Völker». Ihr Ziel ist ein Staat, der das abchasische Suchumi zur Hauptstadt hätte.

Der «Runde Tisch kaukasisches Haus» sollte in dieser komplizierten Lage zu einem Gleichgewicht verhelfen. Dazu gehörte die Annäherung der nordkaukasischen Völker und Georgiens.

Rein wirtschaftlich besitzt die in Aussicht genommene Vereinigung eine ausgezeichnete Grundlage. Sie wird verbunden durch den Kreis eines Schienennetzes von Sotschi nach Sotschi über Batumi – Tiflis – Erewan – Baku – Mahatschkala – Grosny – und wieder zurück über Stawropol. Ihre Bodenschätze bieten Eisen, Kupfer, Mangan, Gold, Steinkohle, Öl und Erdgas. Selbst im Rahmen der Sowjetunion war Georgien ein reiches Land. Die Bewohner der ganzen Region sind intelligent und arbeitsam. Ihre Prosperität wäre insbesondere auch für Südrußland eine Wohltat, weil es davon profitieren würde.

Ein solcher Staatenbund würde eine bereits in alter Zeit erfüllte kulturelle und wirtschaftliche Vermittlungsfunktion erneuern. Ihr geistiges Rüstzeug holte er sich aus jenem besseren Europa, das seit der Begründung des deutschen Kaiserreichs in seiner Entfaltung so stark behindert, noch grausamer in der Hitlerzeit verfolgt und im Witschaftswunder den vielleicht noch krasseren Versuchungen der Oberflächlichkeit ausgesetzt, sich selber immer wieder verjüngend behauptet.

Nur weniges wurde bekannt von den Bemühungen, welche zugunsten des «kaukasischen Hauses» unternommen wurden. Im Sommer 1993 begab sich Dudajew nach Baku und nach Erewan. Er unterbreitete den Präsidenten Aserbeidschans und Armeniens Vorschläge zur Einstellung der Feindseligkeiten in Nagorni-Karabach. Es wurde ihm zwar mit Interesse zugehört, doch schien die Einsicht in den Segen seiner

Gedanken daran zu scheitern, daß niemand die Kraft aufbrachte, ihn den Völkern erfolgreich zu erklären.

Auch in Abchasien unternahmen die Initiatoren des «Runden Tisches» Vorstöße, welche zu Verhandlungen zwischen abchasischen Militärs und den zu Präsident Gamsachurdia haltenden, in Megrelien stationierten Truppen führten. Das erste Resultat dieser Gespräche vom April und Mai 1993 bestand im Einstellen der Kämpfe. Dudajew schlug den Einsatz neutraler kaukasischer Truppen vor, deren Aufgabe in der Sicherung des Waffenstillstandes bis zum Friedensschluß bestanden hätte. Auch dies hatte Aussicht, angenommen zu werden. Doch nun bombardierten georgische Regierungseinheiten die provisorische Hauptstadt Abchasiens, Gudauta. Damit wurde die neue Hoffnung begraben. Die Kämpfe flammten wieder auf.

Für den «Runden Tisch kaukasisches Haus» war dies einer der zu erwartenden Rückschläge. Sein Impuls ist damit nicht gebrochen. Denn die positiven Aspekte der Leitgedanken, die zu seiner Gründung geführt haben, sind nicht zu leugnen. Immer wird er gegen pantürkische, panislamische und großrussische Machtbestrebungen zu kämpfen haben. Von deren Vertretern werden die kaukasischen Unruhen immer neu angefacht. Dazu kommen übergeordnete Einflüsse, aus welchen die globale Einteilung gegenseitiger Gewährung von Einflußzonen entstand: der amerikanischen, fernöstlichen und der eurasischen Machtblöcke. Das freie Sichverbinden der kaukasischen Völker, das eine so positive Rolle übernehmen könnte, wurde hier nicht gewünscht. Deshalb mußte der «Runde Tisch kaukasisches Haus» unbeachtet bleiben.

Im Herbst 1994 erlebten wir in Tschetschenien bürgerkriegsähnliche Zustände. Die Unabhängigkeit der kleinen Republik beunruhigte das große Moskau. Zunächst inszenierte es einen durch Chasbulatow angezettelten Aufruhr. Chasbulatow ist Tschetschene. Er zeichnete sich im Oktoberputsch 1993 gegen Jelzin aus. Was er eigentlich will und wer hinter ihm steckte, stellte sich bald heraus. Eine Illustration bildet das Anfang September 1994 von «Radio Liberty» ausgestrahlte Interview, in welchem Dudajew unter anderem zur Kenntnis gab:

«Der in den höchsten Kreisen der russischen Regierung vertretene Abschaum der menschlichen Gesellschaft machte Tschetschenien zu einem Versuchslabor. Was an uns ausprobiert wird, soll hernach in Rußland praktiziert werden. Andererseits sind alle diese Dinge nur der täuschende Ausdruck ganz anderer Bestrebungen. Denn die Beteiligten strecken allesamt ihre Hände nach dem Präsidentensessel aus. Es ergibt sich uns die Überzeugung, daß Jelzin oft nur mangelhaft orientiert wird, weil sein Administrationschef Filatow die Berichte filtriert. So gab er ihm offenbar nicht bekannt, daß gegen mich ein aus Tschetschenen gebildetes Komplott besteht. Auf ihrem Rücken wird hohe Politik gemacht, in welcher sich Chasbulatow, Ruzkoy und Tschernomyrdin als rechtmäßige Anwärter für das Präsidentenamt betrachten. Deren Nahziel kann nur im Schaffen von Unruheherden bestehen. Filatow ergriff in diesem Gerangel insofern die Initiative, als er den Streitereien dieser Rivalen immer neue Nahrung zu geben versucht, ohne als Chef der Administration dafür eine Verantwortung zu übernehmen. Er weicht Fragen geschickt aus. Manchmal steckt er im Urlaub oder ist sonstwie abwesend, nachdem er ein neues Durcheinander ausgelöst hatte.

Was ich hier aussage, ist nicht aus der Luft gegriffen. Wir sind im Besitz von Beweisen, daß die letzten Ereignisse in Tschetschenien von seinem Kabinett inszeniert wurden.»

Ende 1994 – nach dem Scheitern des gegen Dudajew inszenierten Umsturzversuchs – versäumte Boris Jelzin den durchaus möglichen Versuch einer politischen Lösung des Tschetschenienproblems. Er beauftragte seine Kriegsmaschine, die Tschetschenen zur Botmäßigkeit zu zwingen. Dabei erlitt er zunächst eine schwere militärische Niederlage. Die politischen Führer des Westens verhalten sich genau nach dem zwischen Bush und Gorbatschow getroffenen Geheimabkommen, indem sie sich trotz verbaler Proteste hinter die Regel stellen, hier sich nicht «in die inneren Angelegenheiten eines Landes» einzumischen. Auch wird gesagt, es gäbe kein «Recht auf Sezession», das im Fall Jugoslawiens durchaus hingenommen wurde.

12. DIE RÜCKKEHR

Im Frühjahr 1992 strömten Freiwillige zu den in Megrelien lebenden Offizieren der «Militäreinheiten für die Legalität». So nannten sich die Soldaten der vertriebenen, rechtmäßigen Regierung. Und obwohl sie die Sympathie der großen Mehrheit der megrelischen Bevölkerung genossen, ja von diesen Ansäßigen ernährt wurden, waren sie unter dem gegenwärtigen Regime illegal, und sie mußten sich zurückhalten. Swiad Gamsachurdia war in Megrelien sehr beliebt. Sein Sturz wurde hier von vielen Menschen einfach ignoriert. Wegen ihres Boykotts konnte die von Schewardnadse im Oktober 1992 inszenierte Wahlfarce hier überhaupt nicht durchgeführt werden. Sie bildeten ein Komitee für zivilen Ungehorsam. Dagegen organisierte der «Staatschef» vier Strafexpeditionen. (Dschaba Joselianis berüchtigte Mchedrionis verbrannten viele Dörfer und brachten Hunderte von Landleuten um.) Doch damit brach er den guten Willen dieser Menschen nicht. Die Kampfstärke der «Einheiten für die Legalität» wuchs inzwischen auf 7 000 Mann. Sie wurden auch mit schweren Waffen ausgerüstet, die von Russen abgekauft oder aus ehemals sowjetischen Lagern beschlagnahmt wurden.

Als Schewardnadse den Krieg in Abchasien provozierte, verhielten sie sich zunächst neutral und plädierten für Verhandlungen. Nun bestand aber die tragische Tatsache, daß die provozierten, in Abchasien selber ansäßigen Georgier sich ihrer Haut erwehren mußten, zumal die Abchasen mit russischen Waffen unterstützt wurden. Mit ihrem militärischen Übergewicht vertrieben sie die altangestammten Georgier aus ihrer Heimat. Als die ersten Flüchtlinge in Megrelien eintrafen, gaben die dort bereitstehenden «legalen Truppen» ihre Neutralität auf, um ihren georgischen Brüdern zu helfen.

Wenige Tage vor dem Fall Suchumis erschien Swiad Gamsachurdia aus seinem tschetschenischen Exil in Sugdidi. Das ist die größte Stadt Megreliens. Er kam zurück – wie er selber erklärte –, «um Georgien zu retten, um seiner Bevölkerung den Frieden zurückzugeben und den Bürgerkrieg zu beenden und um wieder eine legitime Regierung zu bilden».

Die Nachricht von der Rückkehr des unerwartet ankommenden Präsidenten verbreitete sich blitzartig. In kurzer Zeit versammelten sich auf dem Zentralplatz von Sugdidi etwa 60 000 Menschen, die seinen Worten lauschten.

Er habe als gewählter Präsident seinen Amtseid abgelegt – war von ihm zu hören –, und demnach sei es seine Pflicht, die Unantastbarkeit der georgischen Länder zu schützen. Und es sei die Aufgabe der Militäreinheiten, deren Grenzen zu verteidigen. Darum werden sie in den abchasischen Krieg eingreifen.

Und er forderte das Regime von Tiflis auf, deren Aktionen nicht zu stören. Die in Abchasien kämpfenden Georgier stünden vor einer Niederlage. Tiflis möge alle Waffen, die es sich illegal angeeignet hat, seinen Regierungsorganen abliefern.

Kurz danach marschierten die Abchasier mit russischer Förderung in Suchumi ein. Weder die ansäßigen Verteidiger noch die im letzten Moment noch anrückenden «Militäreinheiten für die Legalität» vermochten dies zu verhindern. Und der Strom der Fliehenden schwoll an. Er überforderte die Möglichkeiten Sugdidis. Die Ankommenden fanden weder Obdach noch Nahrung. Viele verloren bereits dann schon ihr Leben.

Derweilen zogen unter dem Jubel der Einwohner die Legalitätsfreunde in die von ihren Mchedrioni-Verwaltern verlassenen Städte ein. Anfang Oktober standen sie vor der zweitgrößten Stadt Georgiens, vor Kutaissi. Dadurch wurde für kurze Zeit die von Tiflis über Megrelien verhängte Blockade durchbrochen. Von diesen Orten gelangten auch Nahrungs- und Heilmittel an die Flüchtlinge.

Nun bot Präsident Gamsachurdia den Anhängern der Tifliser Gegenregierung eine nationale Versöhnung an, für den Fall, daß dieses Regime seiner Aufforderung zur Abdankung nachkomme. Dann würden – so schlug er vor – gemeinsame freie Wahlen durchgeführt.

Schewardnadse reagierte sehr rasch. Er bat dieselben Russen, die er soeben wegen ihrer Unterstützung der Abchasen scharf kritisiert hatte, um militärischen Beistand. Er tauschte die Unabhängigkeit seines Landes gegen die Zementierung seiner Machtstellung. Es wäre freilich naiv, zu glauben, dieses Ziel sei nicht lange zuvor schon abgesprochen gewesen. Die vorbereiteten Russen standen unverzüglich da.

Darüber hinaus bat der amerikanische Präsident Clinton «Moskau», seinen guten Freund Schewardnadse nicht im Stich zu lassen. Nun landeten sieben mit Panzern und Marinefüsilieren beladene russische Kriegsschiffe in Poti. Bald kontrollierten diese Kampfkräfte ganz Westgeorgien. Dörfer und Städte wurden bombardiert. Ein Widerstandsversuch war für Gamsachurdias Gardisten sinnlos. Fast ohne Rückzugsgefechte räumten sie ihre Stellungen. Und wo sie auszogen, folgte die Bewachung durch die Leute Schewardnadses.

Politiker und Medienfachleute der ganzen Welt, natürlich auch die großen Freunde Schewardnadses, schwiegen dazu. Daß dies bei einem weniger weltbeliebten Politiker, der fremde Truppen zur Bekämpfung seiner eigenen Landsleute herbeiruft, ebenso gehalten worden wäre, ist unwahrscheinlich. Hier aber gilt voll das georgische Sprichwort: «Schweigen ist ein Zeichen der Zustimmung.»

Der Präsident harrte in Megrelien aus, bis seine Erdenlaufbahn ihr Ende fand.

13. DIE ERMORDUNG DES PRÄSIDENTEN

Am 6. Januar 1994 ging die Meldung durch die Medien der ganzen Erde, die Witwe Präsident Gamsachurdias habe bekanntgegeben, ihr Mann habe Selbstmord begangen. Diese Nachricht sei ihr am 5. Januar durch «seine Getreuen» überbracht worden, nachdem es diesen gelungen sei, aus dem besetzten Megrelien nach Grosny zu gelangen. Hernach war von einer «fieberhaften Suche» nach der Leiche des Verstorbenen die Rede. Aber außer der Todesmeldung war alles gelogen. Der Wahrheit am nächsten dürfte der Bericht kommen, der am 10. März 1995 in Nummer 41 der in Moskau erscheinenden Zeitung *Trud* erschien. Es ist der auf dieses Ereignis bezügliche Ausschnitt aus einem längeren Interview mit Frau Manana Artschwadse-Gamsachurdia, die beim Ausbruch des Kriegs in Tschetschenien mit ihren beiden Söhnen Zotne und Giorgi von Grosny nach Moskau floh.

«Manana: ‹Wahr ist, daß Swiad Gamsachurdia am 24. September 1993 von Grosny nach Westgeorgien fuhr. Genau zu dieser Zeit demonstrierten die Menschen gegen das Regime Schewardnadses. Sie forderten die Wiederherstellung der legitimen Regierung, und Swiad konnte nicht abseits stehen, um so weniger, als Sugdidi sein Heimatort ist. Er führte dort die Kundgebungen und versuchte, dem Protest der Menschen eine organisierte Form zu geben. Überall wurde er mit Begeisterung empfangen. Seine Popularität war enorm groß.

Das störte selbstverständlich die Machthaber in Tiflis. Sie hatten Angst vor seiner wachsenden Beliebtheit und um ihre Regierungssessel. Wie ich weiß, befahl Schewardnadse dem stellvertretenden Innenminister Georgiens, Gulua, eine Spezialeinheit zu formieren. Das tat dieser sehr rasch. Mit einer eigenen kleinen Truppe verband sich mit ihm Giorgi Tschanturija, der Vorsitzende der Nationaldemokratischen Partei Georgiens – ein erklärter Feind Swiads. Sie begannen, ihn zu verfolgen, hatten aber im Anfang wenig Erfolg. Swiad war sehr vorsichtig, und er konnte ihnen immer wieder entwischen. Oft wechselte er seinen Aufenthalt mehrmals im Tag, und die Menschen halfen ihm dabei.

Hernach gelang es aber Gulua und Tschanturija, mit seiner Leibwache eine Verbindung herzustellen. Ich weiß nicht, wie das möglich war. Aber von dieser Zeit an häuften sich Unannehmlichkeiten. Der Chef der zuerst aus vierzehn Mann bestehenden Leibwache, Margwelani, begann einen Wächter nach dem andern zu entlassen. Einschließlich ihm selber waren es zuletzt nur noch drei. Das geschah, nachdem er persönlich mit Gulua zusammengekommen war. In dieser ersten Phase begnügte er sich damit, Gulua über Swiads Ortswechsel zu orientieren. Dann aber unternahm er – eventuell auf Befehl aus Tiflis – einschneidendere Maßnahmen. Am 12. Dezember wurde Swiad vergiftet. Es war ein Wunder, daß er überlebte. Doch blieb er sehr schwach und magerte stark ab. Auch ließ er seinen Bart wachsen. In der Nacht vom 30. zum 31. Dezember wurde er erschossen.›

Journalist: ‹Aber die Version über den Selbstmord gilt doch als erwiesen?›

Manana: ‹Ich bin Ärztin und studierte auch Gerichtsmedizin. Der Schuß trat an der rechten Stirnseite ein und unter dem linken Ohr wieder aus. Wie die drei sagen, war die Todeswaffe eine Stechkin-Pistole. Wie diese Wunde bezeugt, war es Swiad gar nicht möglich, sich damit in dieser Richtung zu verwunden. Sie gaben sich nicht einmal die Mühe, ihre Selbstmordthese glaubwürdiger zu vertreten. Ich befragte jeden einzeln. Dabei alarmierte es mich sofort, wie sehr sie sich widersprachen. Kleinigkeiten hatten sie offenbar nicht miteinander abgesprochen. Am gleichen Tag gab es der Zufall, daß ich ein Gespräch mithören konnte, das sie miteinander führten, ohne mich zu bemerken. Nun war mir alles klar. Noch blieb zu erfahren, wer schoß. Nun weiß ich auch das. Ich bin überzeugt, daß die georgische Regierung alles tat, damit dies ein Geheimnis bleibe. Gulua ist tot. Er wurde vor seinem eigenen Haus mit einem Maschinengewehr erschossen. Auch Tschanturija lebt nicht mehr. Auch er wurde beim Verlassen seines Hauses in derselben Art erschossen. Das waren diejenigen, die über die Umstände des Todes des Präsidenten Bescheid wußten. Jetzt sind die drei an der Reihe.

Journalist: ‹Wo ist Gamsachurdia bestattet?›

Manana: ‹Er wurde mehrmals bestattet. Man hat ihn begraben – dann wieder ausgegraben. Sie ließen ihn nicht in Ruhe. O mein Gott! Warum all das? Zuerst hat man ihn ohne Sarg im Hof vor seinem Sterbehaus in Dschichaschkari begraben. Dort hatte er mehrere Tage verbracht.

Es gelang sehr lange nicht, ihn aus den Händen der georgischen Regierung frei zu bekommen. Nachdem der Transport möglich wurde, erhielt er direkt vor dem Haus in Grosny, in dem wir in den letzten Zeiten lebten, ein Grab. Dort ist er noch immer.›»

Nachzutragen ist, was dem Verfasser aus anderen Quellen bekannt wurde. Von den verabschiedeten Leibwächtern gingen offenbar nicht alle freiwillig fort. Denn zwei ihm gut bekannte, absolut zuverläßige und dem Präsidenten treu ergebene Männer sind spurlos verschwunden. Von den übrigen neun weiß man, daß sie leben. Doch von diesen beiden muß angenommen werden, daß sie noch vor dem Tod des Präsidenten ihr Leben lassen mußten.

Die drei im Interview genannten Unglücksboten waren der heute in Litauen lebende ehemalige Ministerpräsident Guguschwili sowie Margwelani. Dieser ist ein naher Verwandter des heutigen Vizeministerpräsidenten Margiani. Nachdem er während einiger Zeit in dessen Leibwache gedient hatte, erhielt er die einträgliche Stelle des Direktors einer staatlichen Garage in Tiflis. Der dritte hielt sich während einiger Zeit in Grosny auf. Wo er sich dann hinbegab, ist nicht bekannt. Bemerkenswerterweise weigerten sich diese drei, das Protokoll ihrer Aussagen zu unterzeichnen.

Eine weitere Mitteilung äußerte Präsident Dudajew Anfang Februar 1995 am unabhängigen russischen Fernsehen. Nach ihm beging Swiad Gamsachurdia bestimmt keinen Selbstmord, sondern er wurde auf Geheiß Eduard Schewardnadses umgebracht.

Nachdem das ganze verlogene Spiel des «Suchens» und der «Identifizierung» der Überreste des getöteten Präsidenten über die Weltbühne gegangen war und der

Sarg in Grosny eintraf, veranstaltete Präsident Dudajew zu Ehren des Verstorbenen eine eindrückliche Totenfeier, welche eine ganze Woche in Anspruch nahm. Die tschetschenische Bevölkerung und zum Teil bis von Sibirien zugereiste Menschen aller gesellschaftlichen Schichten – auch sehr viele Russen – gaben diesem «Helden des Kaukasus» – wie es Dudajew auf sein Grab meißeln ließ – das Geschenk ihrer Verehrung. Dschochar Dudajew sprach ihnen aus dem Herzen, als er zu einem letzten Gruß das Wort ergriff:

«Den Verlust haben nicht nur der Kaukasus und Georgien erlitten, sondern alle für die Unabhängigkeit kämpfenden Menschen und Völker. Den größten Verlust aber habe *ich* erlitten. Denn ich habe meinen guten Freund, meinen treuen Mitkämpfer und meinen weisen Lehrer verloren.

Oh, wie schwer ist es fortan, sich im Kaukasus an jemanden zu wenden!

Swiad Gamsachurdia kann nicht vom Kaukasus und von Georgien getrennt werden (...) Er hat alles getan, was in seinen Kräften lag. Menschen seiner Art handeln nie, ohne zu wissen, was sie tun. Es wird eine Zeit kommen, in welcher die den Frieden liebende Menschheit erkennen wird, wen wir verloren haben.»

14. HOFFNUNG FÜR DIE ZUKUNFT

Im Sommer 1992 wurde in Grosny gegen Präsident Dudajew ein Putsch inszeniert. Da stellte ein Journalist dem Angegriffenen die Frage, ob er sich nun in seinem Regierungspalast verschanzen wolle. «Nein» – war seine Antwort –, «ich werde den Aufstand niederschlagen. Ich bin nicht so wie Gamsachurdia mit der Bibel in der Hand.»

Das sagte er wahrheitsgetreu. Er lebte seelisch in einer andern Welt als sein Freund, den er sehr verehrte, mit dem er alle Fragen hatte besprechen können, was er nach dessen Tod so sehr entbehrte. Er sah es ganz genau: Gamsachurdia hat ein ganz anderes Geschick als er. Bevor ersterer 1993 nach Sugdidi flog, ermahnte er ihn: «Nach meinen Informationen kann es nicht gut herauskommen, wenn du jetzt gehst.» Da antwortete Swiad: «Das ist mir völlig klar. Du hast recht. Aber wenn ich in Grosny bleibe, betrachten sie mich als einen Verräter.»

Aus diesen Worten spricht die tiefe Tragik, in der Gamsachurdia lebte. Denn er sah in den Ereignissen der äußeren Welt sein eigenes Schicksal. Diesem wollte er auch dann treu bleiben, wenn er voraussah, daß es ihn in den Tod führe. Nicht das erste Mal war es, daß er seine Pflicht höher schätzte als sein Leben. Er handelte aus einem freien Entschluß moralisch und nicht unter dem Zwang der Verhältnisse oder aus einer unzutreffenden Einschätzung der Lage.

Fast zwei Jahre lang kontrollierte er durch Radio und Sendegerät oder durch Briefe die Handlungen seiner Freunde. Doch als sich die Konflikte in Abchasien zusehends verschärften, genügte eine solche Fern-Leitung nicht mehr. Er mußte die Führung an Ort und Stelle in seine Hand nehmen. Auch militärisch. Sein glänzendes strategisches Talent beruhte nicht auf der üblichen Militärausbildung, sondern in seinem Denkvermögen.

Den Kampf mit geistigen Mitteln zu führen, übte Swiad Gamsachurdia schon immer. Gemeinsam mit seinem Freund und Kampfgefährten Merab Kostawa organisierte er friedliche Kundgebungen, auf welchen sie von den vorliegenden Problemen zu ihren Mitmenschen eindringlich sprachen. Als sie beide im Moskauer Serbsky-Institut seelischem Druck ausgesetzt waren, erlegten sie sich den Hungerstreik auf. Derselbe war eines ihrer Kampfmittel, ebenso wie ihre vielgelesenen Artikel und Bücher.

Wie sie mehrfach bekannten, hielten sie sich an die Vorbilder Ilja Tschawtschawadse, Mahatma Gandhi und Martin Luther King.

In einer 1977 im Untergrund publizierten Betrachtung schrieb Gamsachurdia vom Dilemma, vor das sich jeder Mensch in seinem Zusammenleben mit anderen Menschen gestellt sehe. «Der Mensch kann sein geistiges Ideal allem voranstellen und sein soziales Verhalten nach der Inspiration seines Gewissens ausrichten. Oder er mag in spießig-selbstgefälligem Pseudopragmatismus, mit Unterdrückung seiner Gewissensstimme, seine Augen den Entsetzlichkeiten des Lebens verschließen.»

Zum Staatsmann geworden, versuchte Swiad Gamsachurdia mit allen Kräften, einen Bürgerkrieg zu vermeiden. Wohl mußte er seine Soldaten in den ja nicht durch ihn heraufbeschwörten Krieg nach Abchasien ziehen lassen. Nie aber gab er den Befehl, erobernd nach Tiflis zu marschieren.

Als es seinen Gegnern gelungen war, eine größere Zahl auch jener Stimmbürger gegen ihn aufzuhetzen, die ihm zuvor ihre Stimme gegeben hatten, und eine bewaffnete Formation derselben das Tifliser Fernsehgebäude besetzte, und die Bevölkerung zum Sturz der Regierung aufrief – wurde gegen sie keine Gewalt angewendet, obwohl dies juristisch mehr als nur gerechtfertigt gewesen wäre. Doch Gamsachurdia verkündete den Putschisten in aller Form eine Amnestie. Dann sprach er ihnen ins Gewissen. Er hieß sie das besetzte Gebäude zu verlassen: «Legt nieder eure Waffen! Kehrt zurück in eure Häuser und an eure Arbeit. Niemand wird euch behelligen. Seid Bürger. Seid Georgier.»

Dieser Aufruf wurde zunächst befolgt, zumal die Fernsehsendungen seit dieser Besetzung vom Regierungspalast weiter ausgestrahlt wurden.

Darüber gefragt, warum er seine Gegner nicht niederschlagen ließ, wo ihm doch so viele Helfer beigestanden haben würden, sagte er: «Ja, damals hätten wir für kurze Zeit einen militärischen Sieg erreichen können.» Das wurde bereits berichtet. Auch daß dies eine moralische Niederlage bedeutet hätte, welcher dann auch das physische Scheitern gefolgt wäre. Gamsachurdias Denken war eben ganz und gar durchdrungen von jener ausdauernden Kraft, die in seinem Glauben lag.

Dudajew bewunderte ihn. Aber folgen konnte er ihm nicht. Beiden gemeinsam war der Wille zur Unabhängigkeit. Hinter diesem Willen stand aber eigentlich der Impuls, das Böse zu überwinden, das ihnen im russischen Imperialismus des Sowjetregimes entgegentrat.

Völlig anders als Gamsachurdia hatte Dudajew eine lange, erfolgreiche militärische Laufbahn hinter sich. Nur ein sich selber beherrschender Mensch mit klarem Verstand und blitzschnellem Reaktionsvermögen konnte ein Fliegergeneral werden, als welcher Dudajew in Afghanistan eingesetzt war. Sicher hat er dort manches tun müssen, das er heute bedauert. Sobald es ihm möglich wurde, zog er in seine Heimat, um dort den großen Vorbildern eines Mansur und Imam Schamils zu folgen.

Vorerst gelang es ihm, sein lebensfähiges Land aus dem imperialistisch geprägten Verband der russischen Föderation herauszuhalten. Mit wechselndem Glück mochte er sein Vorhaben durch einige Jahre verfolgen. Die im Grund auch von ihm ersehnte Gerechtigkeit wird er auf seinem Weg nicht empfangen können. Denn eine unbesiegbare Unabhängigkeit ist mit militärischen Mitteln nicht zu erreichen. Sie erfordert eine hinreichende Zahl der Wahrhaftigkeit verpflichteter Menschen. Sie erfordert Opferbereitschaft und sogar die Hinnahme einer äußeren Niederlage. Eine solche Lebenseinstellung stand hinter den Worten: «Nur Moral und Standhaftigkeit können die Welt heute beeindrucken», sagte im Sinn des vorher Angedeuteten Gamsachurdia in einem im Spiegel am 11.3.1991 erschienenen Interview. Jenen bereits zitierten deutschen Journalisten gab er zu bedenken, daß er als gewählter Präsident dennoch zur Hälfte ein Dissident bleiben mußte: «Ich war halb Präsident und halb Dissident. Denn Moskau blieb dasselbe. Das Zentrum der Sowjetunion blieb dasselbe. Der KGB blieb dasselbe. Die Unterdrückung blieb dieselbe. Die Armee blieb dieselbe. Und ich mußte als Präsident weiterhin gegen all dies ankämpfen.»

Eines ist bei alledem klar: Nie setzte er sich für Sonderinteressen ein. Weder für sich selber noch für eine von ihm bevorzugte Menschengruppe. Voll stellte er sich als Präsident den ihm durch den Willen des Volkes aufgetragenen Aufgaben zur Verfügung. Und als ihn seine Gegner zum Rücktritt aufforderten, prophezeite er bis in kleine Einzelheiten genau, was dann eintraf, als er zum Verlassen seines Postens gezwungen wurde. Als er sich im September 1991 in einer von etwa 5000 Menschen besuchten Kundgebung vor dem Regierungspalast an seine Opponenten wandte, sagte er: «Nehmen wir an, ihr habet mich zum Rücktritt gezwungen. Werdet ihr dann erreichen, was ihr erträumt: das gute Leben, die Privilegien? Das Gegenteil wird eintreten: Ihr werdet Chaos und Katastrophe bekommen. Ihr Unglückseligen! Warum seht ihr es nicht ein, was außer Chaos es euch bringen werde. Ihr Verblendeten! Aus der Liebe zu unserem Vaterland und aus meinem Wunsch, den Frieden zu erhalten, wäre ich schon lange zurückgetreten, wenn ich nicht so genau wüßte, daß der von euch entfachte Krieg nur in den Abgrund lenkt. Aber wehe diesen Verblendeten, diesen wahnsinnigen Menschen, daß sie dies nicht einsehen, daß sie meinen, mit ihrem Haß mir gegenüber und mit ihren gegen mich gerichteten Handlungen ihre Ziele zu erreichen. Nichts wird erreicht, außer der Katastrophe.»

In derselben Weise äußerte sich Swiad Gamsachurdia mehrere Male. Es war sein gesundes, ehrliches Urteil, welches ihm die Liebe so vieler Menschen bescherte, von denen in Georgien ein erheblicher Teil es bis heute nicht wahrhaben will, daß er wirklich gestorben ist. Noch immer erwarten sie seine Rückkehr. Ihr Empfinden ist wahr. Nur müßten sie lernen, es nicht physisch zu deuten. Er tat alles, was in seinen Kräften lag. Als Exilierter wandte er sich in Briefen an die UNO, an die Konferenz der Zusammenarbeit und Sicherheit in Europa, an die russische, an die amerikanische Regierung und an den Vatikan. Er forderte in diesen Schreiben die Verurteilung der in Georgien herrschenden Gesetzlosigkeit. Und er bat um Unterstützung der Bestrebungen, Recht und Ordnung wieder herzustellen. Diese Hilferufe wurden völlig ignoriert. Mit denselben Zielen reiste er von Tschetschenien nach Helsinki und nach Wien, was nur mit großer Mühe gegen internationale Behinderungen durchgeführt werden konnte.

Man wird sich fragen können, wie so etwas möglich sei. Eine vorläufige Antwort darauf mögen die unzähligen Schriften, Briefe, Interviews und sonstige Zeitungsartikel liefern, die gegen ihn verfaßt wurden. Sie würden mehrere Bände füllen!

«Unkraut» hieß der erste Brief, der im Organ der Kommunistischen Partei Georgiens 1956 gegen den Sechzehnjährigen gerichtet war. Er wurde mit einer schädlichen Pflanze verglichen, welche die Gesellschaft aus ihrer Mitte ausreißen müsse.» In den siebziger und achtziger Jahren hieß es von ihm, er sei ein mißlungener Mensch, ein Heimatverleumder, ein Nestbeschmutzer, ein Agent des amerikanischen Imperialismus und viel mehr Nettes dieser Art.

Das war eigentlich sehr gut verständlich, daß die Kommunisten sich so verhielten. Weit weniger leicht nachvollziehbar ist die Tatsache, daß beinahe die ganze westliche Presse auf die Lügen der östlichen Propaganda hereinfiel. Hier war von einem bösartigen Nationalisten, ja von einem Diktator die Rede, der die Demokratie mit Füssen trete. Hierbei dürfte bei den meisten Berichterstattern die sehr mangelhafte Kenntnis der sowjetischen Lebensverhältnisse eine nicht unbedeutende Rolle gespielt haben. Zudem sind die wenigsten von ihnen der raffinierten Taktik der hoch ausgebildeten Psychologie gewachsen, deren Anlage den Osteuropäern bereits in die Wiege gelegt wurde. Anders wären die westlichen Sympathiestürme für Leute wie Gorbatschow oder Schewardnadse undenkbar.

Sehen wir demgegenüber auf das Wirkliche:

In den vierzehn Monaten, die Gamsachurdia vergönnt waren, seines Amtes zu walten, herrschte ein in diesem Lande bis dahin nie erlebtes demokratisches Gewährenlassen. Die Nationalitätenkonflikte wurden beigelegt. Ein Gesetz wurde in Bearbeitung genommen, das allen damals in Georgien lebenden Einwohnern, gleich welcher Herkunft sie waren, die georgische Staatsbürgerschaft verleihen sollte. In ihm waren Russen, Armenier, Aserbeidschaner, Kurden, Griechen, Abchasier und Osseten eingeschlossen, die alle dieselben Rechte und Pflichten erhalten sollten wie die ursprünglichen Georgier. Georgien war auf dem Weg, ein geordneter Rechtsstaat zu werden. Das war in den Augen der organisierten Kriminalität natürlich das Schlimmste, was ihr passieren konnte. Unter Präsident Gamsachurdia gab es keine politischen Häftlinge. Ins Gefängnis kamen wirkliche Verbrecher. Unter ihnen waren auch Mchedrionis und ihr Anführer Dschaba Josseliani. Denn sie begingen bandenmäßigen Raub. Die Todesstrafe wurde abgeschafft, und es gab selbstverständlich auch keine Folter.

Swiad Gamsachurdia war der einzige Staatsmann im ehemaligen Sowjetreich, der nie ein Kommunist, der immer ein Christ war. Trotz des Erbes der siebzigjährigen, seelenzerstörenden, atheistischen Gewaltherrschaft fand er zwar Menschen, die ihm in selbständigem Handeln und Denken zuverläßige Mitarbeiter waren. Doch trennten sich von ihm manche Teilnehmer am «runden Tisch», sobald es sich zeigte, was in Moskau vorbereitet wurde.

Was Gamsachurdia dennoch gelang, war wohl nur in Georgien möglich; in einem Land, dessen Bewohner seit Jahrhunderten trotz Unterdrückung ihre positive Eigenkraft nicht völlig verloren hatten. Es war ein Wunder, wie Swiad Gamsachurdia durch die Fährnisse der Bolschewikenregierungen hindurchgeleitet wurde.

Es war ein Wunder, wie er die Regierungsvollmacht erhielt. Es war ein Wunder, daß er sie während vierzehn Monaten ausüben durfte. Was er hier leistete, was von seinem Leben ausging, erhellt das Ende des 20. Jahrhunderts. Er glaubte an Wunder. Und es ereigneten sich auch Wunder. Wunder stehen immer in Übereinstimmung mit den Naturgesetzen. Es sind Ereignisse, deren Zustandekommen dem Alltäglichen und Gewohnten zu widersprechen scheint. Dazu gehört das Verhalten eines Menschen, der aus seiner Moral heraus schöpferisch handelt. Daran, daß es Menschen gibt, welche dies tun, glaubte Gamsachurdia, weil er selber so ein Mensch war. Auch die Wunder der Bibel werden jenem verständlich, der richtig in ihr lesen kann. Es gibt wirklich «mehr Dinge zwischen Himmel und Erde», als sich mancher vorstellt.

Merab Kostawa und er – beide im Volksmund «das Gewissen Georgiens» genannt – trugen etwas in sich, dessen Überlieferung in ihnen als ein Eigenes in diesem Lande immer wieder aufleuchtete.

Deshalb wurde der Tag, an welchem Swiad Gamsachurdia kurz nach seiner Wahl zum Präsidenten sein bereits gedrucktes Werk *Die Bildsprache in Rustawelis «Mann im Pantherfell»* – vor den versammelten Vertretern der Universität Tiflis zur Promotion darbot, zu einer Feier der georgischen Kultur. Es wurde ihm dafür der Titel eines Ehrendoktors verliehen. Er hatte bereits zuvor im Konzertsaal vor etwa zweitausend Menschen einen Vortrag gehalten über die spirituelle Mission Georgiens. Er wies hin auf die hohen Menschheitsziele, in deren Dienst die Georgier in Übereinstimmung mit den Leistungen ihrer Ahnen ihren Weg aus dem Chaos finden können. Damit rief er die Widersacher auf den Plan. Es waren dieselben, die bereits den Bolschewismus erfunden hatten. Sie schufen die materialistische Weltverdunkelung. Sie jagen die Menschen in die Verzweiflung.

Unterdessen verkünden die Posaunen der Apokalypse den Untergang der Alten Welt. Das Dasein solcher Menschen wie dieser beiden Freunde spendet Trost und Hoffnung, daß in den Trümmern des Vergangenen ein Sproß des neuen Lebens keimen wird.

ORTSREGISTER

PERSONENREGISTER

Swetizchoweli, Georgiens Hauptkirche, erbaut 1010-1029 in der alten Königsstadt Mzcheta. Das tragische Schicksal ihres Baumeisters, dem nach der Vollendung seines Werks eine Hand abgeschlagen wurde, beschrieb Konstantine Gamsachurdia in seinem historischen Roman «Die rechte Hand des großen Meisters».

Konstantine Gamsachurdia, gezeichnet nach einer Fotografie durch Giorgi Bugadse, Tiflis 1994.

Die beiden Verteidiger der Menschenrechte Merab Kostawa und Swiad Gamsachurdia im Alter von 33 Jahren, 1972.

Miranda Polawandischwili, gest. 1969, die Gattin Konstantine Gamsachurdias (Aufnahme Annie Jahn).

Swiad Gamsachurdia in einem Dorf in Schida-Kartli.

Mutter Theresa zwischen Merab Kostawa und Swiad Gamsachurdia, der eine Begrüßungsansprache hält.

Swiad Gamsachurdia auf einer Kundgebung am 25. September 1993 in Sugdidi (Megrelien).

Imam Schamil (1796-1871) mit Tscherkesska und Turban.
Nach einem Gemälde von Thomas Horscheldt, 1859.

Ilja Tschawtschawadse (1837-1907), «der ungekrönte König Georgiens». Umfassend gebildeter Publizist, Bankier, Politiker, Dichter (nach einem Gemälde).

Präsident Dschochar Dudajew an der Bestattungsfeier für Swiad Gamsachurdia.

Im Perseus Verlag sind ferner erschienen:

Barbro Karlén, **Eine Weile im Blumenreich** (2. Aufl.)
SFr. 32.–/DM 31.–/ÖS 260.– ISBN 3–907564–14–6

Barbro Karlén, **Der Brief der Lehrerin** (2. Aufl.)
SFr. 29.–/DM 29.–/ÖS 235.– ISBN 3–907564–13–8

Ludwig Thieben, **Das Rätsel des Judentums**
SFr. 43.–/DM 42.–/ÖS 360.– ISBN 3–907564–07–3

Karl Heyer, **Wesen und Wollen des Nationalsozialismus**
SFr. 49.–/DM 49.–/ÖS 410.– ISBN 3–907564–08–1

Karl Heyer, **Rudolf Steiner über den Nationalismus**
SFr. 32.–/DM 31.–/ÖS 225.– ISBN 3–907564–12–X

Th. Meyer (Hg.), **Helmuth von Moltke – Dokumente zu seinem Leben und Wirken**
2 Bde. SFr. 74.– (78.–)/DM 74.– (79.–)/ÖS 630.– (670.–)
ISBN 3–907564–15–4 (–16–2)

Th. Meyer, **Ludwig Polzer-Hoditz – ein Europäer**
SFr. 79.–/DM 84.–/ÖS 690.– ISBN 3–907564–17–0

Zwei weitere Werke von Barbro Karlén im Frühjahr 1996:

Der Mensch auf Erden, Eine Weile in Abgrundtiefen

PERSEUS VERLAG BASEL

Leonhardsgraben 38 A
CH-4051 Basel
Tel. 061/261 69 60
Fax 061/261 68 36